Mara von Eichen

Das Theater zwischen den Welten
Gespräche am Abgrund über das Menschsein

AF191238

Das Theater zwischen den Welten

Gespräche am Abgrund über das Menschsein

Mara von Eichen

IMPRESSUM

© Mara von Eichen

Verlag: BoD · Books on Demand GmbH,

Uberseering 33, 22297 Hamburg, bod@bod de

Druck: Libri Plureos GmbH,

Friedensallee 273, 22763 Hamburg

ISBN:**978-3-8192-2907-7**

Inhaltsverzeichnis

Für alle,
die ausgegrenzt, verlacht, verfolgt oder zum Schweigen ge-
bracht wurden,
weil sie wagten, zu fühlen, zu denken, zu warnen, zu hoffen.

Für die, die an der Welt zerbrechen – und trotzdem lieben.
Für die, die zwischen den Welten leben – und Brücken bauen.

Für dich.

VORWORT

Eine Einladung

Dieses Buch ist kein Manifest. Kein Urteil. Keine Anklage. Es ist ein Gespräch – ein leises, vielstimmiges Rufen durch die Schleier der Geschichte. Es versammelt Denkerinnen und Denker, Dichter, Außenseiter, Ausgestoßene, Visionäre – nicht im Dienste einer Theorie, sondern im Dienst der Erinnerung. Und der Menschlichkeit.

Die Stimmen, die hier zu Wort kommen, haben keine politische Zugehörigkeit. Sie folgen keinem Zeitgeist. Sie gehören niemandem – und gerade deshalb sprechen sie zu uns allen. Ihre Texte, Gedanken und Gesten sind überliefert. Was hier geschieht, ist eine Fiktion – aber eine, die näher an der Wahrheit liegt als viele Nachrichten.

Möge dieses Buch nicht erklären, sondern berühren. Nicht antworten, sondern fragen. Nicht urteilen, sondern erinnern, worauf es ankommt: auf das, was wir Menschen wirklich sind.

KAPITEL 1 - DAS THEATER DER NEUZEIT

Man hatte sie nicht kommen hören.

Kein Windstoß, kein Schritt kündigte sie an. Es war, als hätte sich ein unsichtbarer Spalt zwischen den Zeiten geöffnet und sie in die Welt entlassen , einen nach dem anderen – aus staubigen Bibliotheken, aus verlassenen Arbeitszimmern, aus Gedanken, die niemand mehr laut aussprach. Der Raum, in dem sie sich nun versammelt hatten, war keiner, den man betreten konnte wie einen Bahnhof oder ein Theater. Er war eher ein Zustand. Ein Zwischenreich. Ein Ort, an dem Vergangenheit und Möglichkeit ineinanderflossen wie Rauchschwaden in kaltem Licht.

Der Geruch nach altem Samt, Asche, Lavendel und vergilbtem Papier hing schwer in der Luft. Es roch nach dem Denken vergangener Jahrhunderte, nach stillen Kämpfen, gescheiterten Utopien, nach Wahrheit, die einst zu scharf war, um sie auszusprechen. Um die Bühne waren kleine runde Tische gruppiert, wie in einem Varieté vergangener Zeit. Auf jedem ein rotes Tischtuch, eine einzelne Lampe, deren Licht die Gesichter beleuchtete wie Schatten auf vergessenen Porträts.

Sie saßen bereits da.

Carl Gustav Jung, mit diesem Blick, der durch Menschen hindurchzusehen schien. Stefan Zweig, die Stirn in Falten gelegt, das Glas mit Cognac in der Hand, als hielte er sich daran fest. Max Stirner, halb im Dunkel, die Lippen schmal zu einem Lächeln gezogen, das nichts versprach außer Spott. Aldous Huxley, die Brille leicht beschlagen, als wolle selbst das Glas nicht mehr sehen, was da auf sie zukam. Simone Weil, die Hände gefaltet, wie zum stillen Gebet für eine Welt, die nicht aufhörte, sich selbst zu verraten.

Ernst Jünger zog an seiner Zigarette, der Rauch kräuselte sich wie Erinnerungen, die sich weigerten, zu verschwinden. George Orwell saß still, der Blick wach, müde, durchdringend. Thoreau schien den Raum kaum wahrzunehmen; seine Gedanken trieben irgendwo zwischen Walden und der Wildnis der Gegenwart. Michel Foucault notierte sich mit einem unsichtbaren Stift die Schatten der Ordnung, während Sartre und Camus wie zwei Pole einer zerrissenen Vernunft nebeneinandersaßen – der eine mit der Rasierklinge des Verstands, der andere mit der bleiernen Würde des Absurden.

Und dann, ohne dass sich jemand umgedreht hätte, ohne dass eine Tür geknarrt hätte – da war er da.

Der Conférencier.

Er trat nicht auf. Er war plötzlich einfach anwesend. Wie eine Idee, die sich nicht mehr vertreiben ließ. Groß gewachsen, schmal, die Bewegungen geschmeidig wie bei einem alten Tänzer oder einem Totengräber mit Anstand. Ein Frack, tadellos, das Tuch tiefschwarz mit einem Hauch Dunkelrot darin, als hätte man ihn aus der Dämmerung selbst geschneidert. In der einen Hand ein silberner Stock mit einem Knauf, der wie ein Pudelkopf geformt war – in der anderen eine alte Taschenuhr, die nie zu gehen schien, aber auch nie stillstand.

Sein Gesicht: bleich wie Pergament, eingefasst von einem schmalen Bart, die Augen von unbestimmter Farbe – manchmal grau, manchmal grün, manchmal leer. Er trug Handschuhe, obwohl es nicht kalt war. Seine Stimme aber, als er zu sprechen begann, schnitt wie ein seidiges Rascheln durch das Schweigen, wie das Umblättern einer Seite, die man nicht lesen will und doch nicht vergessen kann.

„Mesdames et Messieurs..."

Er machte eine elegante Verbeugung, zu tief für einen modernen Menschen, zu formvollendet für einen Clown.

„...ich heiße Sie willkommen. Oder vielleicht besser: Ich begrüße Sie zurück. Denn niemand kommt hierher, der nicht bereits Teil des Stücks war."

Er lächelte. Es war ein Lächeln, das nichts wärmte. Eher eines, das ankündigte, dass man lachen würde – aber zu spät.

„Sie befinden sich im Théâtre de la Raison Perdue. Im Theater der verlorenen Vernunft. Es ist kein Ort, es ist ein Zustand. Eine Frequenz, sagen manche. Eine Erinnerung, sagen andere. Ich sage: Es ist das, was bleibt, wenn alles andere abgelegt wurde – Masken, Meinungen, Manöver."

Er ging langsam am Bühnenrand entlang, ohne je ganz das Licht zu verlassen, aber auch nie ganz in ihm zu stehen. Um ihn herum flackerte für einen Moment das Licht – nicht elektrisch, eher wie das Aufflackern alter Gedanken, die sich zu Wort meldeten.

„Und Sie", fuhr er fort, während er die Runde der versammelten Denker musterte, „sind unsere Zeugen. Unsere Kommentatoren. Vielleicht auch unsere Komplizen."

Er blieb stehen. Direkt in der Mitte. Und hob den Stock.

„Der Vorhang... ist längst gefallen. Wir leben in der Nachzeit des Spektakels. In der Zeit nach der Wahrheit. Die Vorstellung hat begonnen, als ihr alle noch schlieft. Jetzt... schauen wir zurück."

Ein Ruck ging durch die Bühne. Als wäre sie selbst ein lebendiger Organismus, der sich an das erinnerte, was man ihm angetan hatte.

Die Leinwand im Hintergrund flammte auf. Bilder zuckten über sie hinweg – Menschen in weißen Kitteln, Gesichter hinter Masken, QR-Codes auf Haut tätowiert, Kinder mit Masken und gesenktem Kopf in Klassenzimmern, Lautsprecherstimmen, Drohnen über Dächern, eine Mutter, die ihr Kind nicht trösten darf, ein sterbender Mann von seiner weinenden Familie durch eine Plexiglasscheibe getrennt.

Ein anderer Mann, der mit einem Buch auf dem „Grundgesetz"zu lesen ist auf einem Platz steht – der niedergeschlagen und von Polizisten weg gezerrt wird. Polizisten in schwarzer Uniform, die einem Mann im Rollstuhl die Räder abschrauben und ihn anschließend im radlosen Rollstuhl , verschleppen. Alte Frauen, geschubst, weggeschleift.

Menschen die vorbei rollenden Panzern zu jubeln und einen anderen der ein Schild auf dem „Frieden" steht hoch hält, anschreien und zusammenschlagen.

„Und hier", sagte der Conférencier, „sehen Sie die Folgen blinder Gefolgschaft. Achten Sie auf die Mimik – oder den Mangel daran."

„Sehen Sie", sagte der Conférencier, „wie die Wahrheit choreografiert wurde. Wie man sie portionierte, verpackte, etikettierte. Wie man aus Angst ein Geschäftsmodell machte, aus Kontrolle ein Ritual, aus Vernunft ein Instrument der Erpressung."

Zweig griff nach seinem Glas, trank langsam. „Ich erinnere mich... Ich schrieb einmal: Wenn der Mensch sich seiner Menschlichkeit schämt, beginnt das Zeitalter des Grauens."

Er drehte sich zu Jung.

„Du hast gesagt: Wer nach außen blickt, träumt – wer nach innen blickt, erwacht."

Jung nickte langsam. „Ich sagte es. Aber sie haben das Innere ausgehöhlt, bis es nichts mehr zu wecken gab."

„Und du", fuhr er zu Orwell gewandt fort. „Du hast geschrieben: Freiheit ist Sklaverei. Sie haben es zu einer Anleitung gemacht."

„Ich weiß", antwortete Orwell leise. „Aber ich hatte gehofft, sie würden es als Warnung lesen."

Zweig erhob sein Glas.

„Ich erinnere mich an die Nacht, in der Europa endgültig den Verstand verlor. Ich habe gehofft, sie würde sich nicht wiederholen. Ich habe mich geirrt."

„Ach, Monsieur Zweig", sagte der Conférencier sanft, fast mitleidig, „Sie hatten zu viel Stil für die Barbarei. Und sie haben nie verstanden: Der Stil war die erste Leiche."

Foucaults Augen blitzten. „Sie haben den Körper zum Schlachtfeld gemacht. Aber es war nie der Körper allein. Es war die Macht, die sich verkleidet hat."

„Und die Freiheit", fügte Simone Weil hinzu, „sie wurde zu einem Wort, das nur noch das Gegenteil bedeutete."

Camus, der bis dahin geschwiegen hatte, sprach nun langsam, mit einer Schwere, die aus Sand gebaut war: „Sie leben, als hätten sie ewig Zeit. Dabei ist die Welt längst müde."

Der Conférencier hob die Hand. Die Bilder auf der Leinwand erloschen. Stille senkte sich herab wie eine letzte Decke über ein aufgewühltes Bett.

„Und doch", sagte er, „es sind nicht wir, die das Spiel beenden. Es sind jene, die draußen sitzen. Die noch glauben, es gäbe kein Theater."

Er lächelte wieder – diesmal sanfter. Und gefährlicher.

„Aber sie irren sich. Der nächste Akt hat längst begonnen."

Ein leises Flüstern erhob sich. Der Vorhang zitterte. Die Tische schienen sich näher an die Bühne zu schieben, ohne dass jemand sie berührte.

Und irgendwo, ganz hinten im Zuschauerraum, wo niemand mehr saß, ging eine Kerze an.

Von selbst.

KAPITEL 2 - DIE GÖTTER DER MENSCHHEIT

Es ist keine Musik, die den Raum füllt, sondern das dumpfe Echo der eigenen Gedanken, das an den dunklen Samtwänden verhallt. Der schwere Vorhang ist bereits offen, als sich die Szene auf der Bühne in Bewegung setzt – keine Einleitung, kein Applaus, nur das Raunen der Stille. Ein feiner Dunst liegt in der Luft wie das Nachglimmen einer Zeit, die sich selbst verschlungen hat. Die Tische im Halbrund, die kleinen Lampen, das Theaterlicht – all das scheint aus einer anderen Epoche zu stammen, als Wahrheit noch kein Vergehen war und der Mensch nicht zum Symptom einer fremdgesteuerten Maschine geworden war.

In der Mitte des Raumes sitzt Foucault, die Finger wie feine Linien über der Tischkante verschränkt. „Seht euch nur an, was aus uns geworden ist", sagt er, mit dieser präzisen Mischung aus resigniertem Spott und analytischer Kälte. „Die Götter der neuen Welt haben uns längst in ihre Netze eingesponnen – und wir tanzen darin, freiwillig. Die Wahrheit? Die gibt es nicht mehr. Sie wird tagesaktuell produziert, portioniert und vermarktet wie jedes andere Konsumgut auch. Wer spricht, hat recht – solange er mit der Stimme des Marktes spricht."

Jung lehnt sich zurück, die Stirn gefurcht, als wollte er das Gesagte in seine innersten Strukturen zerlegen. „Es ist mehr als Macht. Es ist eine neue Mythologie des Selbst, ein System aus Masken, die wir längst nicht mehr ablegen können. Die Persona hat sich verselbständigt. Der Mensch ist nicht mehr Subjekt, sondern eine Fassade unter vielen. Was ihn treibt, sind nicht mehr Werte, sondern Funktionen. Erfolg. Anpassung. Sichtbarkeit."

Die Leinwand im Hintergrund flackert – eine Projektion: gesichtslose Menschen mit Masken in langen Schlangen, Abstandshalter auf dem Boden, ein stilles Klatschen auf Balkonen, während alte Menschen hinter Glas verhungern. Keine Worte, nur Bilder.

„Die Pandemie war ein Weckruf, den keiner hören wollte", sagt Orwell, der auf einem der hinteren Plätze sitzt, halb im Schatten. „Sie haben uns gesagt, dass es um Gesundheit geht. Aber in Wahrheit ging es um Kontrolle. Der Ausnahmezustand war kein Notstand – er war ein Testlauf. Und die Mehrheit hat bestanden. Sie hat geschwiegen. Sie hat sich gefügt."

Huxley lacht leise, fast bitter. „Wundervoll. Während du, George, vom Überwachungsstaat sprachst, habe ich den Menschen in Glück und Ablenkung ertrinken sehen. Und was ist geschehen? Beides zugleich. Panik und Betäubung. Angst und Konsum. Sie saßen allein in ihren Wohnungen und bestellten sich Weltflucht in Plastikverpackung."

„Der Kapitalismus hat sich maskiert", sagt Thoreau scharf, „und das Virus war seine beste Tarnung. Er hat nicht innegehalten – er hat sich neu organisiert. Die wahren Profiteure waren nicht die Ärzte, sondern die Algorithmen. Die, die unsere Daten wie Götterspeise verschlingen. Wer braucht noch Mythen, wenn die App dir sagt, ob du leben darfst?"

Proudhon hebt sein Glas, leer, aber symbolisch. „Freiheit war einmal ein politisches Versprechen. Heute ist sie ein Serviceangebot. Abhängig von Zugang, QR-Code und sozialer

Übereinstimmung. Wer nicht pariert, wird isoliert. Und die Masse – sie klatscht."

Der Conférencier sitzt an seinem angestammten Platz, einen Fuß lässig über das andere Knie geschlagen, eine Zigarette in der Hand, die nie ganz zu verglimmen scheint. Sein Lächeln: halb teuflisch, halb traurig. „Ihr redet von Freiheit, als wäre sie ein unbegrenztes Gut. Aber wisst ihr, was sie wirklich ist? Ein Rinnsal. Und der Kapitalismus hat daraus einen Wasserfall gemacht, der alles niederreißt, was sich ihm in den Weg stellt – und dann sagt er: 'Ihr dürft schwimmen, so viel ihr wollt!'"

Simone Weil spricht leise, fast wie ein Gebet. „Was uns als Freiheit verkauft wird, ist ein Spiegelkabinett. Wir jagen unsere eigenen Abbilder und verlieren dabei den Blick für den anderen. Der Mensch, der sich nicht mehr als Teil des Ganzen erkennt, wird zur leeren Hülle. Die Systeme, die ihn umgeben, pressen ihn aus, bis nichts mehr bleibt als Funktion. Impfstatus, Arbeitsfähigkeit, Zustimmung."

„Die Tierfabrik ist längst nicht mehr Metapher", murmelt Jung. „Sie ist Realität. Nur dass die Käfige nun aus Sprache bestehen. Aus Angst. Aus den Blicken der anderen. Der Mensch ist zum Tier geworden, das glaubt, freiwillig zu gehorchen."

„Wir müssen die Götter entzaubern", sagt Foucault plötzlich hart. „Sie sind keine Wesen aus Licht. Sie sind Algorithmen, Märkte, Schlagzeilen. Sie sind gemacht. Und was gemacht ist, kann auch zerstört werden."

„Und doch", antwortet Stirner, der sich nun erhebt, „liegt der Weg nicht im Kollektiv, sondern im Ich. Wer sich retten will, muss aufhören zu glauben. Muss sich selbst genügen. Muss die Gesellschaft in sich zerbrechen lassen. Nur so entsteht Freiheit – im radikalen Bruch."

„Du glaubst also an gar nichts?" fragt Weil leise.

„Ich glaube an mich", sagt Stirner. „Und das reicht."

„Aber wir brauchen mehr als das Ich", wirft Simone ein. „Wir brauchen Mitgefühl. Verantwortung. Eine Ethik, die nicht vom System delegiert wird, sondern aus uns selbst erwächst."

„Und wer lehrt das?" fragt Orwell. „Die Schulen der Angst? Die Universitäten der Anpassung?"

„Vielleicht die Kunst", sagt Jung nachdenklich. „Vielleicht das Wort. Vielleicht auch nur der Widerstand im Inneren – der verweigerte Klick, der verweigerte Konsum, das Schweigen im richtigen Moment."

Der Conférencier erhebt sich, geht langsam zur Bühnenmitte. Der Rauch seiner Zigarette zieht eine letzte Spirale in die Luft.

„Was für ein Theater", sagt er. „Ein göttliches Stück. Aber niemand sieht zu. Sie haben sich abgewandt. Die Götter der neuen Welt regieren nicht durch Zwang, sondern durch Erschöpfung. Die meisten glauben, sie wählen – dabei wurde die Wahl längst getroffen."

Er zieht den Vorhang nicht zu. Stattdessen verlöscht das Licht langsam, als würde der Raum sich selbst vergessen.

Die Stimmen der Anwesenden werden leiser, flüchtiger, ein Echo im Dunst.

Jung steht zuletzt auf und spricht in die Dunkelheit hinein: „Vielleicht müssen wir neue Götter erschaffen. Keine, die herrschen – sondern welche, die erinnern."

Und dann ist es still.

Aber es ist nicht die Stille des Endes – es ist die Stille vor der Entscheidung.

KAPITEL 3 - DIE MASCHINE UND DAS TIER – ÜBER DIE ENTMENSCHLICHUNG DER WELT

Ein metallisches Brummen vibrierte durch den Raum, als sich das Bühnenbild lautlos verändert. Die samtroten Vorhänge weichen zurück, und an ihre Stelle tritt eine kühle, stählerne Welt. Kein Orchester spielt, kein Lichtspot tanzt. Stattdessen summt das Grauen – wie eine gleichgültige Maschine, die in einem endlosen Kreislauf funktioniert. Auf der Leinwand: graue Hallen, endlose Reihen von Käfigen, Fließbänder, Roboterarme, die mit perfekter Präzision töten.

Niemand sprach. Kein Applaus. Kein Zwischenruf.

Der Conférencier stand diesmal nicht wie gewohnt am Bühnenrand. Er saß auf einem niedrigen, schwarzen Hocker inmitten der Szene, eine Zigarette in der Hand, den Blick auf die Leinwand geheftet. Als das erste Tier durch eine metallene Röhre gezwängt wurde, hob er langsam den Kopf. Seine Stimme klang wie ein Messer durch Glas.

„Meine Damen und Herren – willkommen im Paradies der Effizienz. Hier sehen Sie nicht nur das Ende der Tierwelt. Hier sehen Sie den Anfang vom Ende des Menschen."

Die Leinwand zeigte nun automatisierte Tierfabriken, überdimensionierte Legebatterien, Kühe an Melkroboter gekettet, ihre Augen leer. Ein Algorithmus steuert den gesamten Ablauf – ohne ein Flackern von Mitgefühl.

„Der Mensch", fuhr der Conférencier fort, „hat nicht nur vergessen, wer er ist. Er hat auch vergessen, was er ist. Ein Teil dieser Welt, nicht ihr Beherrscher. Ein Geschöpf unter

Geschöpfen – und nun? Ein Richter, ein Henker, ein Gott der Ökonomie. Was sagen Sie dazu, Herr Jung?"

Carl Gustav Jung neigte den Kopf, seine Stimme weich, aber schwer wie Blei.

„Wir sehen hier eine vollendete Projektion des kollektiven Schattens. Das Tier, das wir quälen, ist unsere eigene Natur. Indem wir es in Ketten legen, sperren wir auch unser eigenes Mitgefühl weg – wir amputieren etwas Wesentliches. Die Entfremdung ist vollständig. Der Mensch, der das Tier zur Maschine macht, wird selbst zur Maschine."

Simone Weil schloss die Augen. Ihre Worte kamen wie ein Gebet.

„Diese Orte sind die Kathedralen der neuen Religion: der Leistung, des Wachstums, der Kontrolle. Das Tier wird zum Produktionsfaktor – ohne Schmerz, ohne Geschichte, ohne Seele. Und wir, die wir zusehen, verlieren unsere Fähigkeit zur Trauer."

Der Conférencier lächelte schmal.

„Trauer stört den Betriebsablauf, meine Liebe. Und Mitleid senkt den Ertrag."

Proudhon beugte sich nach vorne, seine Faust lag schwer auf dem Tisch.

„Was hier geschieht, ist ein Krieg gegen das Lebendige. Solidarität endet dort, wo Profit beginnt. Wer Tiere mechanisiert, wird früher oder später auch den Menschen standardisieren. Es ist nur eine Frage der Effizienzsteigerung."

Die Leinwand flackerte. Nun zeigten sich Bilder von Massenfluchten, von Menschen auf Booten, in Lagern, unter Plastikplanen – ein Kontinuum des Entwurzelten.

Zweig sprach leise.

„Wir erleben eine doppelte Verrohung. Die Tierfabrik ist das Symbol. Aber das Prinzip wiederholt sich – in jedem Flüchtlingslager, in jeder Obdachlosenunterkunft, in jedem System, das das Menschsein quantifiziert. Was zählt, ist nicht mehr das Leben, sondern die Bilanz."

Orwell trat einen Schritt vor.

„In einer Welt, in der sogar Elend gewinnbringend verwertet wird, ist kein Platz mehr für Wahrheit. Die Flüchtlingsindustrie, die Armut als Geschäftsmodell – es sind Spiegel derselben Logik, die das Kalb zur Ware macht. Es ist die Diktatur des Nutzens."

Huxley lachte bitter.

„Wir haben die Welt so funktional gemacht, dass wir sie nicht mehr bewohnen können. Freiheit wurde zum Werbeslogan, Natur zum Ausflug, Gefühl zur Schwäche. Und doch ist es das Tier in uns, das uns retten könnte – wenn wir es denn zuließen."

Foucault nickte langsam.

„Die Körper sind normiert, die Seelen katalogisiert. Der Mensch existiert nur noch in seiner Verwertbarkeit. Wer nicht funktioniert, wird ausgesondert. Wer leidet, wird unsichtbar gemacht. Wer stört, wird umerzogen. Die Tierfabrik ist nicht der Ausnahmeort – sie ist der Prototyp."

Der Conférencier erhob sich nun, ging langsam durch die Runde.

„Und dennoch: Das große Rätsel bleibt. Warum duldet der Mensch diese Zustände? Warum rebelliert er nicht?"

Jung antwortete leise.

„Weil er sich an sie gewöhnt hat. Weil das Innere ebenso verschlossen ist wie der Käfig im Stall. Der Mensch hat die Fesseln so oft getragen, dass er sie für ein Glied seiner selbst hält."

Thoreau lächelte traurig.

„Die Freiheit beginnt im Rückzug. Nicht im Protest, nicht im Aufstand. Sondern im stillen Abschied vom falschen Leben. Der Mensch muss das System nicht bekämpfen – er muss es verlassen."

Stirner lachte auf.

„Verlassen, ja. Aber nicht als Märtyrer – als Eigenbesitzer! Der Mensch ist kein Rädchen, kein Diener der Idee. Er ist ein Ich, das sich nicht unterordnet. Doch dieses Ich – es wird gejagt, reguliert, neutralisiert."

Ein dumpfer Ton vibrierte durch das Theater. Auf der Leinwand erschien nun eine Szene, die alle verstummen ließ: ein totes Kalb, von einer Maschine erfasst, noch zuckend. Niemand sprach. Es war der Moment der Wahrheit.

Simone Weil flüsterte:

„Die Frage ist nicht, wie wir es verhindern. Sondern, ob wir es überhaupt noch fühlen. Wer den Schmerz nicht mehr erkennt, hat das Menschsein verloren."

Der Conférencier drehte sich zum Publikum. Seine Stimme war nun brüchig, fast zärtlich.

„Vielleicht müssen wir wieder lernen, uns schuldig zu fühlen. Nicht moralisch. Existenziell. Denn nur die, die weinen können, können noch retten."

Ein leiser Applaus hob an – keiner wusste, von wem er ausging. Vielleicht war es nur das Echo einer Hoffnung, die in diesem Raum noch nicht ganz erloschen war.

Der Vorhang senkte sich langsam, aber es war kein Schluss. Es war nur ein Innehalten – eine Atempause zwischen zwei Abgründen.

KAPITEL 4 - DIE KONFRONTATION MIT DEN EIGENEN SCHATTEN UND DIE MASKEN DER GESELLSCHAFT

Das Licht im Theater zwischen den Welten ist diesmal noch gedämpfter als sonst. Ein fahles Grau liegt über der Bühne, das den Eindruck erweckt, als würde sich Nebel in den Ritzen der Wirklichkeit sammeln. Nur der Tisch in der Mitte des Raumes ist schwach beleuchtet – rund, aus dunklem Holz, mit leise flackerndem Licht unter kleinen Lampenschirmen. Um ihn versammeln sich die Schatten, die Stimmen aus Philosophie, Psychologie und Exil. Der Conférencier steht wie immer auf der leicht erhöhten Rampe, sein Blick gleitet über die Versammelten. Er wirkt jetzt ernster, weniger verspielt.

"Meine Damen, meine Herren, meine verlorenen Seelen," beginnt er mit sarkastischem Unterton, "heute Abend lüften wir den Vorhang über jenen Teil, den der Mensch am liebsten verbirgt: seinen Schatten. Und glauben Sie mir, niemand kann sich ewig hinter einer Maske verstecken. Irgendwann wird das Licht stark genug sein. Oder das Dunkel wird sprechen."

Eine neue Szene beginnt auf der Leinwand hinter ihm. Es ist keine klare Handlung, sondern ein Strom aus Bildern: Kindheitserinnerungen, Träume, Momente des Versagens, kleinste Gesten der Grausamkeit. Es sind keine historischen Szenen, sondern intime Splitter der Psyche. Jeder im Raum erkennt etwas Eigenes darin. Der Schatten, so sagt Jung, sei nicht das Böse per se, sondern jener Teil der Seele, den man nicht leben durfte oder wollte.

"Der Schatten ist das, was wir nicht sein wollen," erklärt Jung, während sein Blick fest auf den Film gerichtet ist. "Aber genau darin liegt seine Kraft. Er enthält alles, was zur Ganzheit dazugehört. Wenn wir ihn verleugnen, verleugnen wir uns selbst."

Stefan Zweig nickt langsam. "Ich habe so viele Menschen gesehen, die daran zerbrachen. An der Unfähigkeit, sich selbst zu ertragen. Sie bauten Masken, Haltungen, Figuren – ein ganzes Theater, um die Leere oder die Angst dahinter zu verbergen."

Der Conférencier klatscht zweimal in die Hände. Plötzlich stehen auf der Bühne Figuren in grotesken Masken. Eine lächelt breit, eine weint, eine ist ohne Gesicht. Sie bewegen sich mechanisch, wie Marionetten, begleitet von einer dissonanten Melodie. "Die Gesellschaft liebt Masken," flüstert er. "Sie sind funktional. Tragbar. Austauschbar. Und sie halten die Ordnung aufrecht."

Michel Foucault beugt sich vor. "Masken sind Machtinstrumente. Sie disziplinieren nicht nur, sie erzeugen Normalität. Wer eine Maske trägt, weiß oft gar nicht mehr, wer er darunter ist. Die Identität wird zur Funktion."

Simone Weil spricht leise: "Es ist nicht nur die Gesellschaft, die uns zwingt, Masken zu tragen. Es ist auch unsere Angst vor der Wahrheit. Denn wenn wir uns selbst sehen würden, wie wir wirklich sind – mit aller Schwäche, allen Abgründen – wären wir dann noch imstande, weiterzuleben?"

Thoreau, der bisher schweigend am Rande saß, erhebt das Wort: "Ich zog mich in den Wald zurück, um genau das zu tun – alle Masken abzulegen. Und es war kein romantischer Akt.

Es war brutal. Es war nackt. Aber erst dort spürte ich, wie sehr ich mich selbst nicht kannte."

Proudhon blickt auf eine neue Szene, die eingeblendet wird: ein modernes Großstadtbild, Menschen, die sich in U-Bahnen und Büros verlieren, jeder mit seinem Blick auf das Smartphone, jeder allein im Kollektiv. "Das System braucht keine Gewalt mehr," sagt er. "Es genügt, den Menschen das Gefühl zu geben, sie müssten funktionieren. Die Maske des Erfolgs, die Maske der Produktivität, die Maske der Anpassung. Wer sie ablegt, wird aussortiert."

Sartre runzelt die Stirn. "Aber was ist die Alternative? Die Hölle, das sind die anderen. Doch die Hölle ist auch die Maske, die wir tragen, um den anderen zu gefallen. Wahre Freiheit ist, wenn man diese Masken abnimmt und trotzdem bestehen bleibt."

Der Conférencier hat sich zur Leinwand gedreht, auf der nun ein verzerrtes Spiegelbild der Theaterbesucher erscheint. Die Zuschauer im Saal sehen sich selbst, aber nicht so, wie sie sich kennen – sondern wie sie wirklich sind, mit all ihren Mängeln, ihrer Angst, ihrer Sehnsucht. Einige wenden den Blick ab. Andere starren wie hypnotisiert.

"Sehen Sie hin!" ruft er. "Das ist der Spiegel, den niemand will. Kein Filter, keine Selbstinszenierung. Nur das, was Sie sind. Nicht das, was Sie zeigen."

Zweig legt eine Hand auf das Tischholz, als wolle er sich verankern. "Es braucht Mut, diesen Blick auszuhalten. Und doch ist er der Anfang jeder Wahrheit. Ohne ihn bleibt alles Theater."

"Aber wir brauchen auch die Maske," sagt Jung unerwartet. "Sie schützt. Sie erlaubt uns, in der Gesellschaft zu bestehen. Die Frage ist nicht, ob wir Masken tragen, sondern ob wir wissen, dass es welche sind."

Simone Weil ergänzt sanft: "Und ob wir bereit sind, sie im richtigen Moment abzulegen. Für uns. Für die Wahrheit."

Ein Moment der Stille folgt. Nur das leise Surren der Projektion ist zu hören. Dann beginnt auf der Bühne ein leises Lied, gesungen von einer namenlosen Figur mit halb abgenommener Maske. Ihre Stimme ist brüchig, aber klar. Der Text ist einfach: "Ich bin nicht, was ihr seht. Ich bin mehr. Ich bin weniger. Ich bin ich."

Der Vorhang bleibt offen. Doch das Licht ist jetzt ein wenig heller. Nicht viel. Aber genug, um den Nebel leicht zurückzudrängen. Der Conférencier zieht sich in den Schatten zurück. Sein Lächeln ist diesmal nicht spöttisch. Eher melancholisch.

"Die Masken fallen nicht mit Gewalt," sagt er leise. "Sie lösen sich in der Wahrheit auf. Und Wahrheit, meine Damen und Herren, ist die unbequemste Form von Licht."

KAPITEL 5 - DER KONFLIKT ZWISCHEN WAHRHEIT UND ILLUSION

Die Bühne liegt in halbdunklem Licht. Eine kühle, beinahe durchsichtige Nebelschicht zieht über den Boden, als wolle sie die Grenze zwischen Realität und Vorstellung verwischen. Über den kleinen Tischen brennen noch immer die Lämpchen, doch ihr Licht wirkt brüchiger, tastender. Die Gestalten sitzen aufrecht, als wüssten sie, dass nun etwas anderes ansteht: ein Übergang, ein Moment der Entscheidung. Die Wahrheit ist kein klarer Pfad. Und die Illusion nicht einfach ein Trugbild.

Der Conférencier bleibt in der Mitte der Bühne stehen. Diesmal schweigt er einen Moment länger als sonst. Dann breitet er langsam die Arme aus – wie ein Priester, der keine Erlösung mehr verspricht.

„Nun gut", beginnt er mit leiser Stimme. „Wahrheit also. Ein großes Wort. Schwer wie Blei, flüchtig wie Rauch. Die einen suchen sie im Innern, andere im Außen, und wieder andere vermeiden sie wie die Pest. Denn was, meine Damen und Herren, wenn die Wahrheit nicht nur unangenehm, sondern zerstörerisch ist? Was, wenn sie alles zerschlägt, was wir uns mühsam aufgebaut haben – unsere Masken, unsere Geschichten, unsere Heimat aus Gedanken?"

Auf der Leinwand erscheinen Schattenrisse von Menschen, die vor Spiegeln stehen – doch ihre Spiegelbilder zeigen nicht sie selbst, sondern Projektionen: ein lachendes Gesicht über einer müden Gestalt, ein Sieger über einem Gebrochenen, ein Liebender über einem Verzweifelten.

C. G. Jung erhebt sich leicht aus seinem Stuhl. Seine Stimme ist ruhig, fast zärtlich in ihrer Klarheit. „Die Wahrheit ist nicht die glänzende Oberfläche der Dinge. Sie lebt dort, wo wir am wenigsten hinschauen wollen – in der Dunkelheit des Unbewussten. Der Schatten, den wir verdrängen, ist keine Lüge, sondern eine verdrängte Wahrheit. Wir haben gelernt, Illusionen zu pflegen, weil sie uns erträglicher erscheinen als das nackte, wunde Ich."

„Aber wer bestimmt, was Illusion ist?" fragt Stefan Zweig leise. Er wirkt müde, doch seine Augen brennen. „Sind es nicht gerade die Illusionen, die uns manchmal überhaupt am Leben halten? Der Glaube, dass es Sinn gibt. Dass es Güte gibt. Dass die Geschichte nicht sinnlos ist. Wenn wir das verlieren – verlieren wir nicht auch den Halt?"

Der Conférencier lacht kurz, trocken. „Ach, der Sinn. Der beliebteste Irrtum der Menschheit. Man nennt es Hoffnung, nennt es Fortschritt, nennt es Liebe. Und wenn man ganz verzweifelt ist: Literatur. Dabei ist es oft nichts als ein schöner Schleier über der Leere."

Thoreau beugt sich leicht nach vorn, sein Blick wacher als sonst. „Vielleicht ist die Wahrheit nicht das, was wir darin sehen. Vielleicht ist sie nicht Antwort, sondern Gegenwart. Das reine, unausweichliche Sein. Wenn ich unter den Bäumen stand, war ich nicht glücklich, weil ich Antworten fand – sondern weil ich keine mehr brauchte."

„Eine Welt ohne Illusionen", murmelt Sartre, „ist ein Abgrund. Aber vielleicht ist es genau dieser Abgrund, der den Menschen frei macht. Wenn nichts mehr vorgegeben ist, wenn die Werte entlarvt sind, bleibt nur noch das Ich, das sich selbst erschafft. In der Konfrontation mit der Wahrheit –

mit der Abwesenheit von Sinn – liegt die Möglichkeit der Autonomie."

Foucault lehnt sich mit gefalteten Händen zurück. Seine Stimme klingt fast wie ein kalter Windstoß. „Aber dieses Ich, das sich selbst erschafft – wie frei ist es wirklich? Die Wahrheit wird heute gemacht, produziert, verteilt. Sie ist kein Naturzustand, sondern ein Machtinstrument. Wer über die Wahrheit bestimmt, bestimmt über die Wirklichkeit."

Auf der Leinwand erscheinen nun Bilder von Nachrichtensendungen, Social-Media-Posts, Propagandafilmen. Worte wie „Wahrheit", „Fakten", „Vertrauen" flackern auf – schnell, grell, beliebig. Ein Meer aus Stimmen, jede beansprucht das Wahre für sich. Dazwischen: Menschen, die langsam den Blick senken.

Ein schwaches Licht gleitet über die Reihen der Stühle. Aus dem Dunkel tritt eine neue Gestalt hervor. Hannah Arendt. Ihr Gang ist ruhig, ihr Blick wachsam. Sie bleibt nicht stehen, sondern geht langsam zwischen den Tischen umher, als würde sie nach etwas suchen – oder jemanden.

„Ich frage mich", beginnt sie leise, „ob das Denken nicht selbst schon ein Akt der Freiheit ist. Noch bevor es zu einem Ergebnis kommt. Noch bevor es urteilt oder erkennt. Vielleicht beginnt die Unabhängigkeit dort, wo wir beginnen, in Stille zu denken – ohne Zwang, ohne Zweck."

Zweig blickt auf, berührt von ihrer Gegenwart. „Aber wie soll man frei denken in einer Welt, die Lärm kultiviert? In der der stille Gedanke als Schwäche gilt, als nutzlos, ja gefährlich? Ich habe erlebt, wie das Denken selbst zur Bedrohung wurde."

Er hält inne, seine Stimme wird leiser. „In meiner Schachnovelle habe ich versucht, diese Erfahrung zu fassen: einen Menschen, der in völliger Isolation nur durch das Denken überlebt – und daran fast zerbricht. Dr. B. spielt gegen sich selbst, spaltet sein Ich in Schwarz und Weiß, um nicht dem Wahnsinn zu verfallen. Doch gerade dieses Denken, das ihn rettet, wird zur Obsession, zur Gefahr."

Arendt bleibt kurz stehen, neben ihm. Ihre Stimme wird fester. „Gerade dann muss es gedacht werden. In der inneren Bewegung liegt eine Würde, die keine Ideologie kontrollieren kann. Selbst wenn der Körper gefangen ist, selbst wenn das Wort verboten wird – das Denken kann nicht eingesperrt werden. Es ist der letzte Zufluchtsort des Menschseins."

Ein Moment lang scheint die Bühne stillzustehen, als hätte sich selbst das Licht zurückgezogen, um zuzuhören.

Dann – fast unmerklich – bewegt sich eine der Gestalten am Rand der Bühne. Eine Frau, bislang unbeachtet, mit geneigtem Kopf. Langsam hebt sie die Hand zu ihrem Gesicht. Ihre Finger zittern leicht. Sie greift nach ihrer Maske – ein lächelndes Gesicht aus feinem Porzellan – und beginnt, sie zu lösen. Man hört das leise Knacken der Schnüre. Kein Triumph, kein Pathos – nur ein stiller Akt. Als sie die Maske abnimmt, bleibt ihr Gesicht einen Moment lang im Halbdunkel verborgen. Doch dann fällt ein Streifen Licht darauf.

Ein Gesicht, das nicht weiß, ob es weinen oder lachen soll. Nicht schön, nicht hässlich – nur wirklich. Verwundbar, lebendig, frei.

Zweig schaut hin. Seine Stimme bricht fast, als er sagt: „Vielleicht ist es das, was wir verloren haben – den Mut, unser wahres Gesicht zu zeigen. Nicht weil es vollkommen ist. Sondern weil es uns gehört."

Der Conférencier beobachtet die Szene. Kein Spott diesmal. Nur ein kurzes Nicken, fast unmerklich.

Simone Weil spricht nun mit leiser Klarheit: „Vielleicht liegt der Irrtum in unserem Wunsch, Wahrheit müsse immer angenehm sein. Dass sie uns dienen solle. Doch die Wahrheit, die wirklich trägt, ist oft schmerzlich. Nicht weil sie grausam ist, sondern weil sie uns auf uns selbst zurückwirft. Und darin liegt eine Gnade."

„Gnade?", fragt der Conférencier mit hochgezogener Braue. „Das ist ein seltenes Wort geworden. Unmodern. Fast anrüchig. Aber schön. Sagen Sie mir, Madame Weil – was ist mit jenen, die nie zur Wahrheit durchdringen? Sind sie zu verachten? Oder zu beneiden?"

„Weder noch", sagt sie ruhig. „Denn auch das Scheitern an der Wahrheit ist Teil des Menschseins. Es geht nicht um das Ankommen, sondern um das Ringen. Um die Bereitschaft, sich der Illusion nicht kampflos zu überlassen."

Proudhon nickt. „Solange der Mensch lebt, trägt er die Möglichkeit der Auflehnung in sich – gegen die Illusion, gegen die Lüge, gegen die falsche Ordnung. Es geht nicht darum, die reine Wahrheit zu besitzen. Sondern darum, nicht in der bequemen Unwahrheit zu verharren."

Stille legt sich über die Bühne. Auf der Leinwand beginnt eine neue Sequenz: Menschen, die Masken abnehmen – doch unter der Maske ist wieder eine Maske, und noch eine.

Endlos. Und doch: bei einigen fällt am Ende ein Blick hervor. Ein echter. Ein verletzlicher. Ein wacher.

Der Conférencier steht wieder in der Mitte, als hätte er nie seinen Platz verlassen. „Sehen Sie? Das ist die Tragödie – und die Hoffnung zugleich. Wir sind Marionetten und Puppenspieler zugleich. Wir belügen uns und suchen die Wahrheit. Wir sehnen uns nach Licht und blinzeln, wenn es uns trifft. Aber vielleicht – nur vielleicht – ist es gerade dieses ewige Pendeln zwischen Illusion und Wahrheit, das uns lebendig macht."

Er verneigt sich leicht, ohne Hohn diesmal. Der Vorhang bewegt sich kaum. Denn das nächste Kapitel beginnt nicht mit einem Schluss, sondern mit einer weiteren Frage.

KAPITEL 6 - DIE WELT ALS THEATER

Der Vorhang bleibt offen. Nur das Licht verändert sich. Es flackert nun leicht, als sei etwas in Bewegung geraten. Der Conférencier steht noch immer auf der Bühne, hat sich jedoch ein anderes Jackett übergeworfen – glitzernd, silbern, beinahe schäbig in seinem Prunk. Er wirkt wie ein Illusionist, der seine Tricks zu früh verraten hat, aber dennoch weitermacht. Im Hintergrund beginnt die Bühne sich zu verwandeln: Die Kulissen gleiten wie Schatten aneinander vorbei, bis sich ein neues Bild ergibt – eine Stadtlandschaft, doch wie aus Pappe. Wolkenkratzer auf Rollen, grell bemalte Hintergründe, flackernde Leuchtreklamen aus Karton. Die Welt, ein Spiel.

„Willkommen in der großen Inszenierung," ruft der Conférencier mit einer Stimme, die nun fast sanft ist. „Dies, meine Damen und Herren, ist das Theater der Realität. Jeden Tag uraufgeführt. Ohne Probe, ohne General. Und doch glauben alle, sie wüssten, wie es geht."

Ein dumpfer, künstlicher Applaus ertönt vom Band. Niemand im Saal klatscht, aber die Lautsprecher spielen es ab – ein Applaus auf Knopfdruck. Der Conférencier verneigt sich spöttisch.

„Wir spielen unsere Rollen, Tag für Tag. Wir lachen, wir leiden, wir funktionieren. Aber wer hat das Stück geschrieben? Und wer bestimmt, wann der Vorhang fällt?"

Jung lehnt sich leicht nach vorne. Seine Stimme ist ruhig, fast meditativ: „Es ist, als hätte die Menschheit sich selbst vergessen in diesem Spiel.

Die Persona, die Maske, wurde zur Identität. Das Ich, das wir in der Öffentlichkeit zeigen, wurde zur Wahrheit erklärt. Doch darunter liegt etwas anderes – etwas Wildes, Ungezähmtes, vielleicht auch Heiliges."

„Oder Verlorenes," murmelt Stefan Zweig. „Es ist nicht nur ein Spiel. Es ist eine Falle. Die Rollen, die man uns gibt – sie kleben an uns wie Kleider aus Blei. Wir können sie nicht einfach ablegen, ohne nackt zu sein. Und wer will schon nackt sein, in einer Welt der Spiegel?"

Die Bühne dreht sich leise, beinahe unmerklich, wie ein Uhrwerk. Im Hintergrund erscheint nun ein Büro – graue Tische, Monitore, Menschen mit leeren Gesichtern, die stumm tippen. Daneben ein Klassenzimmer, ein Supermarkt, ein Fernsehstudio. Die Szenen gleiten ineinander, wie eine Choreografie des Alltags.

Foucault erhebt sich. „Die Disziplinargesellschaft hat uns gelehrt, dass jede Bühne ihre Regeln hat. Jeder Raum, jedes soziale Feld – seine eigenen Normen, seine eigenen stillen Blicke, die kontrollieren und strafen. Der Mensch ist überall sichtbar, und darum gefangen."

„Und glaubt, frei zu sein," fügt Sartre bitter hinzu. „Das ist das Geniale an dieser Inszenierung. Sie lässt den Menschen glauben, er wähle seine Rolle selbst. In Wahrheit wurden ihm Kostüm und Text längst gereicht."

Die Kamera auf der Leinwand zeigt nun das Bild eines kleinen Kindes, das mit leuchtenden Augen in einen Spiegel blickt. Dann wechselt sie zu einem Mann im Anzug, der mit leerem Blick in ein Smartphone starrt. Dann zu einer alten Frau, allein in einem Pflegeheim, mit einem Fernsehgerät als einziger Gesellschaft.

„Was ist wahr, was ist Spiel?" fragt der Conférencier, der sich nun langsam in die Runde begibt. „Wo beginnt die Inszenierung – und endet sie überhaupt? Vielleicht ist auch dies hier nur ein Stück. Und wir sind bloß Figuren auf einem Spielbrett, das sich längst unseren Blicken entzogen hat."

Simone Weil steht auf. Ihre Stimme ist leise, aber durchdringend. „Die Welt ist voller Ablenkungen. Der Lärm, die Bilder, das Tempo – sie verhindern, dass wir sehen, was wirklich ist. Doch die Wahrheit zeigt sich nicht im Spektakel. Sie zeigt sich im Schweigen."

Eine Stille breitet sich aus. Die Bühnenbilder stehen nun still, eingefroren wie eingefrorene Fernsehbilder. Die Lichter dimmen sich. Nur noch ein Spot auf der Mitte der Bühne.Dort steht nun Thoreau. Barfuß. In schlichter Kleidung.

„Wenn die Welt ein Theater ist," sagt er ruhig, „dann ist der einzige Ausweg, von der Bühne zu treten. Nicht aus Protest. Sondern aus Liebe zur Wahrheit. Zur Natur. Zum wirklichen Leben."

Er geht langsam nach vorn, verlässt die Bühne. Der Spot folgt ihm nicht. Die Dunkelheit schluckt ihn.

Zweig sieht ihm nach, lange. Dann sagt er leise: „Vielleicht ist es das, was bleibt – dass wir begreifen, wie sehr wir gespielt haben. Und irgendwann den Mut finden, das Theater zu verlassen."

Der Conférencier bleibt zurück. Einen Moment lang scheint auch er nachdenklich, beinahe menschlich. Dann zuckt er mit den Schultern, zieht ein neues Lächeln über sein Gesicht und wendet sich wieder dem Publikum zu.

„Aber keine Sorge, meine Damen und Herren – das nächste Stück beginnt gleich."

Nach dem Satz „…das nächste Stück beginnt gleich." bleibt der Vorhang weiterhin geöffnet. Doch aus dem Off ist nun leise Musik zu hören – gebrochen, wie aus einem defekten Grammophon. Ein Cello streicht eine einzelne, klagende Note. Das Licht auf der Bühne verändert sich erneut: es wird bläulich, kälter. Die Stadtlandschaft im Hintergrund zerbricht in Fragmenten, als wären die Pappfassaden durch einen unsichtbaren Sturm beschädigt worden.

Der Conférencier steht nun wieder im Zentrum – doch er schweigt. Stattdessen erklingen Stimmen, leise, überlagert, wie Erinnerungen:

„Du bist nichts wert."

„So war das eben damals."

„Stell dich nicht so an."

„Wer nicht funktioniert, hat verloren."

Die Stimmen verebben. Dann spricht Simone Weil erneut, diesmal stehend im Randlicht der Bühne. Ihre Stimme ist weich, aber von unnachgiebiger Klarheit.

„Es sind nicht nur Masken, die wir tragen. Es sind auch Narben. Und manche dieser Narben sind nicht sichtbar, weil sie nicht auf der Haut liegen, sondern in der Seele. Unterdrückung beginnt nicht immer mit Gewalt.

Sie beginnt mit einem Satz. Mit einem Blick. Mit einem System, das sagt: Du gehörst nicht dazu."

Hinter ihr erscheinen auf der Leinwand nun Bilder von Menschen in Warteschlangen, an Schreibtischen, in überfüllten Klassenzimmern. Ihre Gesichter sind leer, ihre Augen müde. Manche tragen Uniformen, andere Anzüge, andere gar nichts – nur die Stille ihrer Unsichtbarkeit.

Foucault wendet sich ihr zu: „Die Wunde ist nicht individuell. Sie ist strukturell. Sie ist die Folge einer Gesellschaft, die nicht auf Fürsorge gründet, sondern auf Disziplinierung. Wer nicht normgerecht ist, wird verletzt – durch Ausschluss, durch Pathologisierung, durch Schweigen."

Jung ergänzt mit ernster Stimme: „Und diese Wunden brennen sich in die Psyche ein. Nicht nur als Schmerz, sondern als Scham. Menschen lernen, ihre Verletzungen zu verbergen, um als ‚normal' zu gelten. Und vergessen dabei, dass das Verborgene nicht vergeht – es arbeitet weiter, im Schatten."

Die Bühne verwandelt sich erneut. Nun ist sie leer, schwarz, mit einem einzigen weißen Stuhl in der Mitte. Darauf sitzt ein Kind, allein. Ein Spot beleuchtet es. Es sagt nichts. Aber die Stille schreit.

Zweig flüstert, mehr zu sich selbst: „Wie viel von unserem Tun, unserem Streben, unserem Scheitern ist ein Echo jener frühen, sprachlosen Kränkungen? Vielleicht ist es der Schmerz, der uns prägt – nicht das Glück."

Sartre nickt, aber seine Stimme ist bitter: „Und doch erwarten sie von uns, dass wir funktionieren. Dass wir aufstehen, weitermachen, konsumieren. Die Freiheit, sagen sie. Doch was ist Freiheit, wenn sie an der Türschwelle der verletzten Seele endet?"

Proudhon steht nun auf. Sein Blick geht in die Ferne: „Es gibt kollektive Wunden – Kriege, Ausbeutung, Verfolgung. Aber die schlimmste Wunde ist jene, die wir einander täglich zufügen, durch Gleichgültigkeit. Wer nichts fühlt, fügt anderen Schmerz zu, ohne es zu merken. Unsere Zeit ist voll davon."

Der Conférencier tritt langsam an das Kind heran, schaut es einen langen Moment an – ohne Spott, ohne Maske. Dann sagt er leise, fast ungläubig: „Und das also... sind wir?"

Niemand antwortet. Der Vorhang bewegt sich erneut. Doch statt sich zu schließen, öffnet er sich nach oben – und zeigt kein nächstes Bühnenbild, sondern einen offenen Himmel. Grau. Weit. Ohne Kulisse.

Thoreaus Stimme klingt aus dem Off, fast wie ein fernes Echo: „Der Schmerz, den du nicht überspielst, ist der erste Schritt zur Freiheit."

Die Musik setzt wieder ein – diesmal ohne Bruch. Melancholisch, aber klar. Und der Conférencier verbeugt sich nicht. Er bleibt stehen. Zum ersten Mal.

KAPITEL 7 - DIE FLÜCHTLINGSFALLE

Die Bühne ist kahl und grau, wie ein entkernter Wartesaal am Rande der Welt. Kein Fenster, keine Uhr. Nur Neonlicht, flackernd, kalt. Die Luft riecht nach Staub, alten Papieren, zurückgelassenem Leben. In der Mitte: ein Sammelsurium aus Koffern, abgewetzten Rucksäcken, verschlissenen Decken. Daneben: ein leerer Kinderwagen. Das Bild wirkt wie eingefroren, als hätte die Zeit mitten in der Bewegung innegehalten – oder als würde sie sich weigern, weiterzugehen.

Der Conférencier steht bereits auf der Bühne. Er ist jetzt dunkler gekleidet als sonst, fast förmlich – ein feiner schwarzer Anzug, das Hemd offen, die Krawatte locker wie ein nachlässig zugezogener Strick. Er spricht nicht sofort. Er steht da, sieht sich um, geht dann gemessenen Schrittes zwischen den Koffern umher, als prüfe er ein Gepäckband, auf dem niemand mehr etwas abholen wird.

Dann bleibt er stehen, hebt eine alte Aktentasche an, aus der ein abgerissenes Foto ragt. Er betrachtet es kurz, hält es dem Publikum entgegen und sagt schließlich:

„Flucht. Es ist ein Wort, das in den Münder der Welt zergeht wie Bittersalz. Man hört es täglich, stündlich, in Schlagzeilen, in Statistiken, in Debatten, die keine sind. Doch wer sagt es noch mit zitternder Stimme? Wer hört es mit offenem Herz?"

Sein Blick wandert über das Publikum, suchend – oder prüfend.

„Flucht ist nicht das Verlassen eines Ortes. Es ist der Verlust des Rechts, irgendwo zu sein. Es ist kein Aufbruch. Es ist ein Riss."

Ein leises Husten. Ein Stuhl wird gerückt.

George Orwell tritt aus dem Halbdunkel, das sich links von der Bühne auftut, wie ein Nebel, der die Herkunft verschleiert. Seine Kleidung ist schlicht, fast militärisch. Er spricht ohne Einleitung, als würde er mitten im Gedankenfluss ansetzen.

„Der Flüchtling ist das Kind des Systems", sagt er. „Er entsteht dort, wo Kontrolle versagt – oder zu perfekt funktioniert. Wer flieht, entzieht sich der Ordnung. Und genau darin liegt seine Gefahr für die Mächtigen."

Er fährt sich über das Gesicht, müde, aber klar.

„Die modernen Systeme wissen das. Darum verwandeln sie Grenzen in Käfige und Lager in Labyrinthe. Wer flieht, wird nicht nur entrechtet. Er wird definiert – durch Papiere, durch Zahlen, durch Akten, durch Zäune."

Aus der rechten Bühnenseite, durch einen kaum sichtbaren Vorhang, tritt Aldous Huxley. Seine Stimme ist weicher, fast sanft, doch sein Blick ist schneidend. Er lehnt sich gegen eine der Requisitenkisten, als wäre sie ein Rednerpult.

„Aber lieber George", sagt er, „du unterschätzt die andere Falle. Die süße. Die verführerische. Die Flucht in die Behaglichkeit. Die Welt flieht nicht nur vor Krieg und Verfolgung – sie flieht auch vor der Freiheit. Sie flieht in den Konsum, in Ablenkung, in Betäubung. Das ist die große freiwillige Migration in die Knechtschaft."

Ein kurzer, spöttischer Applaus vom Conférencier.

„Ein doppelter Exodus also", murmelt dieser. „Einmal hinaus, einmal hinein – doch beide Male bleibt man fremd."

Aus der Tiefe der Bühne tritt Michel Foucault vor, langsam, wie ein Schatten, der sich verdichtet. Er trägt einen dunklen Mantel, fast wie ein Akademiker oder ein Wärter. Seine Stimme ist ruhig, aber getragen von jener unerbittlichen Klarheit, die keiner Rebellion, sondern nur der Analyse fähig ist.

„Die Lager", beginnt er, „sind nicht nur Orte der Aufbewahrung. Sie sind Orte der Verwaltung. Sie sind Experimente. Der Flüchtling wird zum Subjekt der Macht. Man misst ihn, wiegt ihn, dokumentiert ihn, analysiert seine Motivation, seine Integrationsfähigkeit, seine Belastbarkeit. Man normiert ihn."

Er geht einen Schritt näher zum Licht.

„Und in diesem Prozess verliert er sich selbst."

Ein Rauschen wie Wind oder ein entferntes Radio ertönt. Stefan Zweig tritt auf. Er trägt einen alten Reisemantel, sein Gesicht gezeichnet vom Verlust. Er spricht leise, fast flüsternd, und doch trägt seine Stimme bis in die hintersten Ränge.

„Ich habe sie gesehen, die Züge, die Bahnhöfe, die Menschen mit leeren Augen. Ich war einer von ihnen. Ein Flüchtling. Ein Emigrant. Ein Mensch, der seine Sprache zurücklassen musste wie ein Stück Haut."

Er hält inne, senkt den Blick.

„Man verliert mehr als das Zuhause. Man verliert die Kontinuität. Man wird zerschnitten zwischen gestern und morgen. Und je länger man unterwegs ist, desto weniger glaubt man, je einen Ort erreicht zu haben."

Stille. Dann ein weiteres Klacken von Schritten.

Jean-Paul Sartre tritt hervor, seine Hände hinter dem Rücken verschränkt, die Stirn gerunzelt. Er spricht wie jemand, der nicht um Mitleid bittet, sondern um Erkenntnis.

„Der Flüchtling ist die letzte Figur der Entfremdung", sagt er. „Er ist aus der Welt gefallen. Und dennoch lebt er – was ihn zum Beweis macht, dass man auch ohne Identität existieren kann. Aber: in welcher Form? Was ist ein Mensch, der nur noch in Durchgangszimmern lebt? Der nie antworten darf, nur gefragt wird?"

Simone Weil antwortet nicht, sie tritt einfach hinzu. Wie immer fast körperlos, wie ein Gedanke mit Gestalt.

„Der Mensch, der flieht, braucht keine Mauer, kein Zelt, kein Lager. Er braucht einen Blick, der ihn sieht. Eine Hand, die ihn hält. Eine Stimme, die nicht fragt, sondern sagt: Du bist."

Sie sieht in den Raum, als könnte sie durch die Wand sehen.

„Der Flüchtling ist nicht nur das Opfer der Welt. Er ist ihr Prüfstein."

Der Conférencier hebt wieder die Stimme, nicht laut, aber markant.

„Und wenn die Welt durch diese Prüfung fällt? Was dann? Wird der Flüchtling dann der Prophet – oder nur das Mahnmal?"

Da tritt Ernst Jünger ins Licht. Die Uniform ist abgestreift, geblieben ist nur ein Mann, gezeichnet von Krieg, von Rausch, von Beobachtung. Seine Stimme ist klar, fast unangenehm ehrlich.

„Flucht", sagt er, „kann auch Verwandlung sein. Wer alles verliert, wird leer. Und aus der Leere kann ein neuer Mensch entstehen. Ein anarchischer Mensch. Ein Mensch ohne Nation, ohne Geschichte. Aber auch ohne Halt."

Ein kurzer Moment des Innehaltens. Dann tritt Carl Gustav Jung auf. Langsam, mit einem Buch in der Hand, das geschlossen bleibt.

„Und doch flieht niemand allein. In jedem Flüchtling reisen die Schatten seiner Kultur mit. Seine Träume, seine Ängste, seine Archetypen. Er trägt das Unbewusste seines Volkes über die Grenze. Was dort aufeinandertrifft, sind nicht nur Menschen, sondern ganze Seelenlandschaften."

Er hebt den Blick.

„Wenn wir den Flüchtling nicht verstehen, verstehen wir auch uns selbst nicht mehr."

Langsam setzt Musik ein – ein einzelnes Cello, tief und suchend. Der Conférencier blickt noch einmal in die Runde, dann ins Publikum.

„Was also bleibt? Flucht als Entwurzelung. Flucht als Spiegel. Flucht als Falle. Wir sprechen von Integration, doch wir meinen Assimilation. Wir sprechen von Hilfe, doch wir leisten Kontrolle. Wir fürchten den Verlust unserer Ordnung – doch vielleicht ist es unsere Ordnung, die uns längst entfremdet hat."

Ein letzter Schritt zurück, mitten ins Kofferlabyrinth.

„Vielleicht", sagt er, „ist die Flucht das ehrlichste, was unsere Welt hervorgebracht hat."

Das Licht wird schmal, nur noch auf ihn gerichtet. Dann:

Dunkelheit.

KAPITEL 8 - DIE PÄDAGOGIK DES GEHORSAM

Der Raum liegt im Dämmerlicht. Kein Bühnenlicht, keine Ansage. Nur ein schlichter Holzboden, darauf verstreut: ein paar Hefte, ein zerknicktes Lineal, eine Tafel, an der eine Kreide hängt wie ein letzter Gedanke. Das Publikum im Varieté der Zwischenwelt ist still geworden – nicht aus Höflichkeit, sondern aus einer schwer greifbaren Ahnung.

Plötzlich – mit dem Geräusch eines umblätternden Buches – steht er da.

Nicht aufgetreten, nicht herangeschritten: einfach da. Der Conférencier. Als wäre er immer schon inmitten dieses Klassenzimmers gewesen. In den Fugen der Wände, in den Regeln an der Tafel, in der leeren Bank ganz hinten.

Er klopft dreimal mit dem Stock auf den Boden, ein Echo hallt nach wie ein Befehl.

„Kinder, setzt euch."

Ein leises wispern geht durch die Reihen.

„Ach nein – ihr seid ja längst gesetzt. Von Geburt an. In Systeme, in Schulbänke, in Erwartungshaltungen. Heute sprechen wir über einen der stillsten, grausamsten Erzieher der Menschheit: den Gehorsam."

Er wendet sich nicht ans Publikum, sondern schreitet langsam durch die Szenerie, berührt die Tafel mit der Fingerspitze.

„Sie nennen es Bildung. Doch was wird da wirklich gebildet? Der freie Geist – oder die gefügte Funktion? Wir sprechen von Schulen als Orten der Erkenntnis, aber vielleicht sind sie vor allem Werkstätten der Disziplin."

Ein Ruck geht durch den Raum. Der Bühnenhintergrund wandelt sich. Reihen aus Schulbänken wachsen empor, grau und gleichförmig. Auf jedem Pult liegt ein Buch – identisch, ohne Titel.

Foucault tritt aus dem Schatten. „Die Schule", beginnt er, „ist nicht nur ein Ort des Lernens. Sie ist ein Laboratorium der Macht. Hier wird der Körper erzogen – nicht im Sinne des Ausdrucks, sondern der Unterwerfung. Der Schüler lernt vor allem eines: gesehen zu werden. Unter Kontrolle zu stehen. Er schreibt, weil er beobachtet wird. Er spricht, weil es erwartet wird. Er schweigt, weil es sicherer ist."

„Und wenn er nicht schweigt", ergänzt Simone Weil, die sich auf einen der Stühle setzt, „dann lernt er, sich selbst zu zensieren. Nicht aus Angst, sondern aus Gewohnheit. Die tiefste Form des Gehorsams ist nicht das Befolgen von Regeln. Es ist das Nicht-mehr-Denken."

Sartre tritt hinzu, die Hände in den Taschen, die Stimme bitter: „Der Mensch wird zum Objekt gemacht. Sein Denken wird nicht geformt – es wird gefiltert. Er ist nicht Subjekt seiner Bildung, sondern Material in einem Produktionsprozess. Ein funktionierendes Zahnrad, nicht mehr."

„Und dennoch glauben sie, frei zu sein", murmelt Orwell. „Sie sitzen in Klassenzimmern, in denen alles gleich ist, und nennen es Vielfalt. Sie lernen Definitionen, nicht Bedeutungen. Regeln, nicht Zweifel. Und sie glauben, das sei Denken."

„Ich erinnere mich an meine eigene Schulzeit", sagt Stefan Zweig leise, aus dem Halbdunkel eines der Tische. „Die Einteilung in Fächer, in Noten, in Richtig und Falsch – sie hinterließ in mir das Gefühl, dass das Leben nur in geraden Linien verlaufen dürfe. Ich musste lange reisen, um zu begreifen, dass es auch Kurven, Sprünge, Brüche gibt – und dass genau sie das Menschsein ausmachen."

Der Conférencier zieht ein Lineal aus seinem Ärmel, misst die Luft zwischen zwei Sätzen. „Korrigieren, standardisieren, evaluieren – das ist die Heilige Trinität der modernen Bildung. Man spricht von Kompetenz, doch meint man Konformität. Und wehe dem, der aus der Reihe tanzt."

Huxley erscheint – nicht als Mensch, sondern als Projektion an der Wand. Seine Stimme erklingt wie aus einem alten Grammophon: „In meiner schönen neuen Welt braucht es keine Peitschen mehr. Die Kinder lernen durch Belohnung, was erwünscht ist. Der Schmerz wird durch das Zuckerbrot ersetzt – aber die Fessel bleibt. Nur wird sie nicht mehr als solche erkannt."

„Das ist das Perfide", sagt Jung, der am Fenster steht, durch das kein Himmel mehr zu sehen ist. „Die Konditionierung beginnt so früh, dass das Selbst nicht einmal weiß, dass es ein Selbst hat. Archetypen der Unterwerfung werden zu Strukturen des Ichs. Vater – Lehrer – Vorgesetzter – Staat.

Und irgendwo dazwischen verliert sich das eigentliche Individuum."

Thoreau kehrt zurück, wie aus einem Nebel. Seine Stimme klingt wie Laub unter Schuhen: trocken, aber lebendig. „Ich verließ die Städte, um frei zu sein.

Aber ich begriff: Die Fesseln, die uns binden, sind nicht aus Eisen. Sie sind Gedanken, die wir nicht hinterfragen. Bildung, die uns nicht befähigt, sondern zähmt. Wer wahrhaft lernt, lernt vor allem eines: Nein zu sagen."

„Doch wer bringt uns das bei?" fragt Simone Weil. „Wahre Bildung wäre ein Dialog mit der Welt, kein Monolog der Macht. Aber in einem System, das auf Leistung, Anpassung, Bewertung basiert, gibt es keinen Raum für Fragen, die das System selbst betreffen."

„Vielleicht", sagt Ernst Jünger, der plötzlich am Rand der Bühne auftaucht, „ist der Gehorsam das letzte Refugium der Erschöpften. Wer nicht mehr kämpfen kann, gehorcht. Aus Müdigkeit. Aus Hoffnungslosigkeit. Aus innerer Kapitulation. Die Schule der Moderne ist nicht nur ein Ort der Disziplin – sie ist auch ein Ort der stillen Kapitulation."

„Und doch", ruft Proudhon aus, „ist der Mensch nicht geboren, um zu dienen! Bildung muss Anarchie im besten Sinne lehren: die Fähigkeit zur Selbstgesetzgebung. Ein junger Mensch sollte nicht lernen, sich einzuordnen – sondern zu erschaffen, zu widersprechen, zu verändern."

Der Conférencier hebt eine Kreide, zieht einen Kreis auf die Tafel.

„Das ist keine Null", sagt er. „Das ist ein Ei. Und aus jedem Ei kann eine Welt geboren werden – oder ein Käfig. Was wir lehren, entscheidet, was daraus wird."

Er geht zu einem der Tische, hebt ein Buch auf. „Stellt euch vor", sagt er, „dieses Buch enthielte keine Anweisungen, keine Definitionen, keine Gebote. Nur Fragen. Offene, unbe-

queme, gefährliche Fragen. Was wäre das für eine Schule?
Was wäre das für eine Welt?"

Die Bühne beginnt sich langsam zu wandeln. Die Bänke verschwinden, die Tafel zerfällt zu Staub. Übrig bleibt nur ein
weiter Raum – leer, offen, still.

„Vielleicht", sagt der Conférencier zum Schluss, „müssen wir
die Schule nicht abschaffen. Sondern erinnern. An das, was
sie einmal war – oder hätte sein können. Ein Ort der Verwandlung. Ein Raum der Möglichkeit. Keine Fabrik, sondern
ein Garten. Kein Exerzierplatz, sondern ein Labor des
Menschlichen."

Er verbeugt sich nicht. Er geht auch nicht ab. Er bleibt einfach
stehen, inmitten des Raumes, während sich der Vorhang
langsam senkt – nicht schwer, sondern wie ein müdes Au-
genlid, das sich über einen Gedanken legt.

KAPITEL 9 · DIE DUNKLE SEITE DER MACHT

Es geschieht beinahe lautlos. Kein Knall, kein Blitz kündigt seine Ankunft an. Nur ein plötzliches Flimmern im Raum, als ob die Luft selbst für einen Moment die Fassung verliert. Der Conférencier steht da – nicht erschienen, nicht aufgetreten, sondern schlicht: vorhanden. Als wäre er nie fort gewesen. Kein Applaus begrüßt ihn, kein Scheinwerfer sucht sein Gesicht. Er blickt schweigend ins Publikum, das jenseits der Bühne im Dämmer sitzt. Dann hebt er die Hand, nicht zum Gruß, sondern wie ein Dirigent, der das Schweigen ordnet.

„Es ist nicht der Tyrann, der euch beherrscht", beginnt er, seine Stimme eine Nuance leiser als sonst, „es ist das Netz, das ihr nicht seht."

Die Bühne bleibt leer, doch der Raum hinter ihm verändert sich. Schemenhafte Räume tauchen auf – sterile Büros mit Glaswänden, Besprechungsräume, Sicherheitszentralen, Serverhallen. Eine endlose Parade aus Bildschirmen, Akten, Kameras, Konferenzschaltungen. Keine Gesichter. Nur Macht – abstrahiert, organisiert, systematisiert.

„Die Macht von heute trägt keinen Namen. Sie lächelt aus keinem Porträt. Sie atmet durch Strukturen, durch Algorithmen, durch Statistiken. Sie ist kein König mehr, kein General. Sie ist ein Code."

Foucault tritt ins Bild. Er wirkt älter, brüchiger als zuvor, als sei ihm das Denken selbst zur Last geworden. „Macht hat sich entleibt", sagt er. „Sie herrscht nicht mehr durch den Körper, sondern durch den Blick.

Nicht durch Gewalt, sondern durch Normierung. Das Gefängnis ist nicht mehr aus Stein. Es ist aus Erwartungen."

Die Szene wechselt. Eine Schule. Kinder sitzen in Reih und Glied, der Unterricht verläuft still. Doch über jedem Pult leuchtet ein Punkt. Grün, gelb, rot. Leistungsüberwachung. Emotionserkennung. Konzentrationsanalyse. Alles ist in Zahlen gegossen. In den Pausen bewegen sich die Kinder wie in einem unsichtbaren Gitter.

„Was hier geformt wird", fährt der Conférencier fort, „ist nicht das Wissen, sondern das Gehorchen. Die Akzeptanz. Die stille Einwilligung in ein Leben unter Beobachtung."

Weil tritt aus dem Halbschatten. Ihre Augen brennen. „Wahre Gewalt", sagt sie, „wirkt nicht durch Schläge. Sie wirkt durch Abwesenheit. Abwesenheit von Freiheit. Von Wahrheit. Von Mitgefühl. Sie nimmt nicht, sie verlernt uns das Erinnern."

Es ist, als würde der Raum selbst dunkler. Auf der Leinwand erscheinen Tiere: Hühner in metallenen Käfigen, Schweine in Hallen ohne Licht, ein Elefant im Zirkus, gezwungen zur Geste. Die Kamera fährt über brennende Wälder, ausgetrocknete Flussbetten, tote Vögel an Plastikstränden. Und dann: Menschen in Anzügen, in hellen Konferenzräumen. Unberührt. Kalkulierend.

„Auch hier", sagt der Conférencier, „regiert das Unsichtbare. Der Mensch, der zerstört, tut es nicht aus Hass, sondern aus Kalkül. Die Natur ist keine Mutter mehr, sie ist Ware. Die Tiere sind keine Mitwesen mehr, sondern Produktionsfaktoren."

Orwell erhebt das Wort, seine Stimme rau. „Es ist der Triumph der entleerten Sprache. Freiheit heißt heute Effizienz. Kontrolle heißt Fürsorge. Vernichtung heißt Wachstum. Die Begriffe wurden vertauscht, bis niemand mehr schreit."

Ein kurzer Moment des Stillstands. Dann erscheint ein Wohnzimmer. Eine alte Frau sitzt auf einem Sofa, ein Bildschirm flackert vor ihr. Auf ihrem Schoß: ein künstlicher Hund. Er bellt nicht. Aber seine Augen leuchten freundlich, wenn sie spricht. Sie lächelt. Sie ist allein.

„So sieht das neue Paradies aus", sagt Huxley. „Kein Hunger. Keine Schmerzen. Keine Gemeinschaft. Der Mensch wird ruhiggestellt – nicht durch Furcht, sondern durch Simulation von Nähe. Die letzte Umarmung kommt aus der Maschine."

Thoreau tritt dazu, barfuß, mit ernster Miene. „Was wir Freiheit nennen, ist längst Abhängigkeit. Die Werkzeuge, die uns befreien sollten, sind unsere Fesseln geworden. Wir glauben, alles sei erreichbar – und sind unfähig, noch still zu sein."

Der Conférencier geht langsam zur Bühnenrampe. Zum ersten Mal scheint er zu zögern. „Die dunkle Seite der Macht", sagt er, „zeigt sich nicht in Grausamkeit, sondern in der Sanftheit ihrer Umarmung. Sie lullt euch ein. Sie lässt euch wählen – zwischen Täuschungen. Zwischen digitalen Göttern, die euch hören, aber niemals verstehen."

Wieder wechseln die Bilder. Ein Protestzug. Fahnen, Parolen, Musik. Aber in Zeitlupe sieht man: Smartphones, Selfies, Sponsorenlogos. Der Widerstand ist markiert, monetarisiert. Ein Event. Ein Ritus.

„Selbst die Rebellion wurde gekauft", sagt Proudhon leise. „Sie ist Teil des Marktes. Teil der Maschinerie. Die Worte des

Zorns werden verkauft als Inhalte. Das System atmet durch euren Widerstand."

Zweig tritt hervor. Seine Stimme ist fast ein Flüstern: „Es ist nicht mehr die Gewalt, die erschreckt. Es ist das Unvermeidliche. Die unaufhaltsame Logik der Effizienz, der Kontrolle, des Immerweiter. Wir stehen am Rand – und es gibt keinen Sturm mehr, nur Stille."

Die Bühne leert sich. Nur der Conférencier bleibt. Er blickt ins Dunkel, dann zum Boden. „Ihr wolltet Freiheit", sagt er. „Doch ihr habt Sicherheit gewählt. Ihr wolltet Menschlichkeit – doch ihr habt Komfort genommen. Ihr wolltet leben – und habt funktioniert."

Dann hebt er den Kopf. Sein Blick ist klar. Schmerzhaft klar. „Aber da ist noch etwas. Etwas, das sich nicht programmieren lässt. Nicht zählen. Nicht kontrollieren. Es ist das, was in euch leise geblieben ist, all die Jahre. Der Ort in euch, der nicht mitspielt."

Er tritt einen Schritt zurück. Die Lichter verlöschen fast. Nur ein einzelner Lichtkegel fällt auf den Bühnenboden – ein winziger Kreis, leer, still, offen.

„Vielleicht", sagt er, „muss man die Macht nicht besiegen. Vielleicht muss man sie einfach nicht mehr anerkennen. Vielleicht ist der größte Akt der Freiheit... das leise Entziehen."

Der Vorhang fällt.

Die Bühne versinkt in Dunkelheit.

Ein Rascheln.

Ein Wind

Und dann: nichts.

Nur Stille.

KAPITEL 10 - DER RUF DER WAHRHEIT – DIE LETZ-TE FREIHEIT

Der Vorhang hebt sich erneut, langsam, wie das Zucken eines verwundeten Tieres. Auf der Bühne ein leerer Raum, düster und von einem schwachen, fahlen Licht erleuchtet. In der Mitte des Raumes steht ein hölzerner Stuhl, auf dem Henry David Thoreau sitzt, der Blick in die Ferne gerichtet, seine Haltung ruhig, wie ein Stein in einem wilden Strom. Die Zeit scheint stillzustehen, als würde das Universum selbst kurz innehalten, um seinen Worten zu lauschen.

Der Conférencier tritt aus dem Schatten, der Raum scheint ihn zu verschlingen, als er die Bühne betritt. Er trägt einen Anzug, der sich wie eine Maske um seinen Körper legt, und mit einem schnellen Blick scannt er die Anwesenden, die in kleinen Gruppen am Rand des Raumes sitzen. Der Klang einer leisen, melancholischen Melodie ertönt, begleitet von einem Flimmern, als ob die Welt kurz vor dem Abgrund steht.

„Die letzte Freiheit", sagt der Conférencier mit einem spötti-schen Lächeln, das von der Ironie einer längst verlorenen Welt erzählt. „Ist sie nicht eine erhabene Idee? Die Freiheit des Einzelnen, der sich von der Gesellschaft abwendet, von den Institutionen, die uns zwingen, in ihren vorgezeichneten Bahnen zu laufen? Aber was bleibt dem Einzelnen, wenn er sich all dem verweigert?"

Thoreau hebt den Blick. „Die wahre Freiheit", beginnt er, „kommt nicht von außen. Sie kommt nicht von den Gesetzen oder der Gesellschaft.

Sie ist ein Akt des Rückzugs – ein Zurückziehen in die Stille, in das Alleinsein mit sich selbst. Nur dort kann der Mensch sich finden."

„Doch was bedeutet das für den Rest der Welt?" fragt der Conférencier mit einem höhnischen Grinsen. „Was bedeutet es für die Gesellschaft, die ständig nach dem eigenen Vorteil strebt, die durch ihre Regeln und ihre Lügen ihre Macht aufrechterhält? Wo ist die Freiheit des Einzelnen, wenn er in einer Welt lebt, die ihn nicht akzeptiert, wenn er nicht mitspielt?"

„Vielleicht", sagt Thoreau, „ist die wahre Freiheit die Freiheit von der Unruhe des Geistes. Wenn wir uns in Stille zurückziehen, um die eigene Seele zu hören, dann sind wir frei von den Lügen der Welt. Freiheit ist der Moment, in dem der Mensch sich entscheidet, auf den lauten Ruf der Gesellschaft nicht mehr zu antworten."

Der Conférencier schüttelt den Kopf, als sei es eine fadenscheinige Vorstellung, und ein weiterer Gast tritt auf die Bühne. Es ist George Orwell, sein Gesicht ernst, fast grimmig. „Freiheit?" fragt Orwell. „Das ist ein Wort, das die Welt in vielerlei Hinsicht missbraucht. Die Freiheit des Einzelnen? Ja, vielleicht in der Theorie. Aber was bleibt davon übrig, wenn das System selbst die Vorstellung von Freiheit kontrolliert? Wenn die Freiheit nur dazu dient, uns in die Falle zu locken, uns immer wieder in den gleichen Käfig zu sperren?"

„Ein Käfig", fügt Aldous Huxley hinzu, „der von innen bekämpft wird, indem man uns mit immer neuen Ablenkungen und Narkotika versorgt. Die Freiheit der Wahl ist die Freiheit zur Sklaverei geworden. Eine Sklaverei, die uns nicht durch Zwang gefangen hält, sondern durch die scheinbare

Möglichkeit, uns selbst zu vergnügen und zu betäuben. Wir glauben, frei zu sein, während wir doch nur eine weitere Rolle im Spiel der Gesellschaft spielen."

„Die Freiheit", sagt Carl Gustav Jung, der in den Hintergrund getreten war, „kann auch eine Last sein. Eine Last der Verantwortung. Denn der Mensch, der die Freiheit wirklich lebt, muss auch seine dunkle Seite annehmen. Der wahre Ruf der Freiheit ist nicht nur die Flucht vor der Gesellschaft, sondern auch die Auseinandersetzung mit dem eigenen Unbewussten. Der Rückzug in die Stille ist nur dann von Bedeutung, wenn der Mensch bereit ist, sich selbst zu konfrontieren."

„Und was bleibt dann von uns?" fragt der Conférencier, seine Stimme nun ernster. „Wenn wir uns all dem entziehen, was bleibt dann von der Menschlichkeit? Sind wir noch Menschen, wenn wir uns weigern, Teil des Spiels zu sein?"

Ein weiterer Gast betritt die Bühne – Ernst Jünger. Er steht aufrecht, als wäre er ein Krieger, der aus einer anderen Zeit herübergekommen ist. „Das Spiel", sagt er mit einer tiefen, rauen Stimme, „ist die ständige Schlacht des Lebens. Wer sich aus dem Spiel zurückzieht, verliert die Fähigkeit zur Auseinandersetzung. Es gibt einen Wert im Widerstand, auch im Widerstand gegen die Gesellschaft. Aber der wahre Kampf findet im Inneren statt, nicht in der äußeren Welt. Die letzte Freiheit ist der Moment, in dem der Mensch sich entscheidet, nicht mehr der Welt zu dienen, sondern sich selbst zu dienen."

„Aber ist der Rückzug nicht auch ein Akt der Flucht?" fragt der Conférencier, jetzt mit einer Spur von Ungeduld in seiner Stimme. „Wer sich der Welt entzieht, der nimmt sich aus der

Verantwortung. Er kann sich nicht mehr über die Verhältnisse beschweren, die er selbst nicht beeinflusst hat."

„Vielleicht", sagt Thoreau, „ist der Rückzug der wahre Akt der Rebellion. Wenn wir uns dem Spiel der Gesellschaft verweigern, dann erheben wir uns gegen die wahre Tyrannei – die Tyrannei der Konformität, der Erwartungen, der Rollen, die uns zugeschrieben werden."

„Der Rückzug", sagt Orwell, „ist keine Flucht vor der Realität. Es ist eine Flucht vor der Lüge, die uns jeden Tag vorgesetzt wird. Die Gesellschaft hat ihre eigenen Wahrheiten, ihre eigenen Werte, die sie uns aufzwängt. Doch die wahre Wahrheit liegt in der Stille, in der Entscheidung, nicht mehr Teil des Spiels zu sein."

„Die Wahrheit selbst", fügt Huxley hinzu, „ist ein Fluch, wenn man sie wirklich erkennt. Sie bringt uns nicht die Freiheit, sondern den schmerzhaften Blick auf das, was uns umgibt – und den Mut, uns zu weigern, in dieser Illusion weiterzuleben."

„Vielleicht", sagt Jung, „müssen wir zuerst das Dunkle in uns selbst akzeptieren, bevor wir die Wahrheit im Außen erkennen können. Der wahre Widerstand liegt nicht im Kampf gegen das System, sondern in der Erkenntnis, dass wir selbst das System in uns tragen."

Der Conférencier tritt vor, als wolle er sich verabschieden, doch dann bleibt er stehen und sieht jeden der Anwesenden an. „Vielleicht", sagt er mit einem leisen Lächeln, „ist der wahre Widerstand der, der sich weigert, weiter Teil des Spiels zu sein. Vielleicht ist die wahre Freiheit nicht in der äußeren Revolution, sondern in der Entscheidung, das Spiel aufzugeben."

Die Musik verstummt. Der Raum bleibt still, während der Vorhang langsam fällt. Doch in der Stille hallt ein Gedanke nach – der Gedanke, dass der wahre Ruf der Freiheit nicht von außen kommt, sondern von innen. Dass der wahre Widerstand nicht im Aufstand gegen die Welt liegt, sondern im Rückzug in die eigene Wahrheit.

KAPITEL 11 - JENSEITS VON SCHULD

Nicht der Vorhang hebt sich diesmal – es ist ein leises Klirren, das den Anfang markiert. Wie aus dem Nichts taucht in der Mitte der Bühne ein gedeckter Tisch auf: schlicht, aus dunklem Holz, vier Stühle darum, eine einzelne Kerze brennt, flackernd. Auf der Tischplatte steht eine leere Schale, daneben ein Glas Wasser, das bis zum Rand gefüllt ist. Der Conférencier sitzt bereits, die Fingerspitzen aneinandergelegt, sein Blick schweift in die Tiefe des Raumes, als säße er in einer Beichte, der niemand beiwohnen will.

„Schuld", sagt er langsam, beinahe meditativ, „ist eine leise, aber beständige Melodie, die durch die Jahrhunderte zieht. Nicht schrill genug, um aufzuschrecken – aber tief genug, um die Seelen zu durchdringen. Wie ein Echo, das nicht verstummt. Haben wir sie verdient? Oder wurde sie uns geschenkt – ein Erbe, das niemand ausschlagen kann?"

Simone Weil tritt aus dem Halbdunkel. Kein Bühnenlicht begleitet sie, nur das flackernde Kerzenlicht tanzt über ihr Gesicht. Sie bleibt nicht stehen, setzt sich ebenfalls an den Tisch, gegenüber vom Conférencier. In der Geste liegt kein Trotz, sondern Müdigkeit.

„Schuld", sagt sie, „ist das Produkt einer Welt, die keine Geduld für Wahrheit hat. Die Strukturen brauchen Schuldbekenntnisse, weil sie ohne Täter und Opfer nicht bestehen könnten. Aber wer benennt die ersten Ursachen? Wer fragt nach der Wurzel des Unheils?"

Der Conférencier reicht ihr das Glas. Sie nimmt es nicht. Stattdessen blickt sie ihn an, lange.

Schließlich sagt sie: „Solange wir in dieser Welt leben, werden wir einander schuldig gesprochen. Und solange wir es glauben, spielen wir mit – im Theater der moralischen Ränge."

Die Bühne verändert sich kaum merklich. In den Hintergrund tritt Stefan Zweig. Er spricht nicht sofort, sondern beobachtet. Dann:

„Wir verwechseln Verantwortung mit Schuld", sagt er. „Verantwortung ist ein Akt der Freiheit. Schuld ist ein Mittel der Kontrolle. Die Systeme brauchen Schuld – denn ein Mensch, der sich schuldig fühlt, ist leichter zu lenken. Aber ein Mensch, der Verantwortung übernimmt, ohne sich zu unterwerfen – der ist gefährlich."

Der Conférencier hebt langsam die Augenbrauen. „Und wer entscheidet, ob jemand Verantwortung trägt oder einfach nur – leidet?" fragt er.

Zweig bleibt ruhig. „Das Leid ist echt. Aber das Urteil über das Leid – das ist gemacht. Konstruiert. Und oft nützlicher für die Herrschenden als für die Betroffenen."

Die Bühne wird kälter. Ein Luftzug streicht durch die Szene. Plötzlich erscheint in einer Seitennische eine neue Gestalt – ernst, verschlossen, fast schattenhaft. Ernst Jünger, mit einem Blick wie durch Rauch und Ruinen gehend, nimmt in einer Bewegung wie ein Messer Platz am Tisch.

„Die Schuld ist das Echo des Krieges in der Seele", sagt er. „Ich habe sie gesehen, auf den Schlachtfeldern, in den Gesichtern der Überlebenden, in den Blicken der Täter. Aber die Wahrheit ist: Schuld wird auch dort geschrieben, wo keine Schlachten stattfinden. In Verwaltungsräumen. In Schweigen. In Zustimmung."

Weil blickt ihn an. „Und was taten Sie?" fragt sie.

„Ich trug sie – wie ein Mantel, den man nicht mehr ablegen kann. Aber irgendwann begreift man: Die Schuld ist nicht zu tragen. Sie ist zu durchschauen."

Ein weiteres Licht flackert auf. Max Stirner tritt hinzu. Keine große Geste, kein Pathos – nur sein scharfer Blick. Er spricht in die Mitte des Raumes, ohne jemanden anzusehen:

„Schuld ist das Gespenst der Moral. Ein Konstrukt, das dem Einzelnen sagt: Du bist nicht genug. Du darfst nicht einfach sein. Du musst Buße tun – und dich fügen. Aber ich sage: Wenn ich nicht ich selbst sein darf, was nützt mir alle Vergebung? Ich bin mein Eigentum. Nicht das Produkt eurer ethischen Rechnungen."

Der Conférencier lehnt sich zurück, ein leichtes, bitteres Lächeln auf den Lippen. „Aber was wird aus einer Welt, in der niemand mehr Schuld empfindet? Ist sie dann nicht verloren in ihrer Beliebigkeit?" „Nein", sagt Stirner. „Sie ist dann frei. Die Schuld ist ein Instrument der Knechtung. Erst wenn der Mensch sich von ihr löst, kann er beginnen, sich selbst zu erkennen – jenseits des Kollektivs, jenseits der Erwartung."

Weil widerspricht leise: „Aber was ist mit dem Schmerz, den wir anderen zufügen? Darf das unbeantwortet bleiben?"

„Der Schmerz ist real", antwortet Stirner, „aber die Schuld ist eine Erfindung. Verantwortung kann ich übernehmen, aus mir selbst heraus – aber nicht, weil eine Moral mir Schuld diktiert."

Ein Moment des Schweigens. Dann spricht Jünger: „Es gibt Taten, die sich nicht mit Begriffen wie Schuld oder Unschuld beschreiben lassen. Nur mit dem Mut, sie zu erinnern – ohne sich von ihnen definieren zu lassen."

Stefan Zweig erhebt sich, tritt einen Schritt nach vorn. „Vielleicht ist das das Ziel: Dass wir lernen, unsere Taten nicht mit Schuld zu belasten, sondern mit Erkenntnis. Nicht um uns zu zerreißen, sondern um zu wachsen."

Der Conférencier sieht ihn an, dann nacheinander die anderen. „Und was bleibt dann?" fragt er. „Wenn wir die Schuld abstreifen, wie eine alte Haut – was bleibt uns dann zur Orientierung?"

Simone Weil antwortet leise: „Mitgefühl. Wahrhaftigkeit. Und die Bereitschaft, das Leid des anderen als das eigene zu sehen – ohne ihn dafür zu richten."

Stirner lächelt schmal. „Wer das kann, ist frei. Der braucht keine Schuld. Der ist jenseits davon."

Die Kerze auf dem Tisch erlischt. Niemand bewegt sich. Dann steht der Conférencier auf, schiebt den Stuhl zurück.

„Vielleicht", sagt er, „ist das die schwerste Aufgabe überhaupt: Nicht zu verurteilen – weder sich noch andere. Nicht zu fliehen in die Schuld und auch nicht in ihre Verneinung. Sondern still zu bleiben. Inmitten der alten Stimmen. Und das eigene zu finden."

Der Tisch verschwindet, langsam. Die Bühne wird leer. Nur die Dunkelheit bleibt – und ein leiser Klang, als ob irgendwo ein Fenster geöffnet würde.

Der Vorhang fällt nicht. Er bleibt offen. Als Einladung.

KAPITEL 12 - DIE RÜCKKEHR DER SEELE

Ein leiser Windhauch geht durch den Saal, kaum spürbar, doch er trägt etwas mit sich – den Hauch einer Erinnerung, die nicht ganz zu fassen ist. Es ist, als hätte jemand das Fenster zur Welt einen Spalt geöffnet, und durch diesen Spalt dringt der Duft von feuchtem Moos, von altem Holz, von Erde nach einem stillen Regen herein. Die Bühne liegt im Halbdunkel, kein Spot, kein grelles Licht. Nur ein sanftes Glimmen aus der Tiefe des Bühnenbodens, wie der Atem der Erde selbst.

Dann ein Flackern. Eine Lichtschneise fällt auf den Conférencier, der sich mitten in der Szene befindet – ganz ohne Ankündigung, ganz ohne Spektakel. Er trägt diesmal einen langen Mantel aus grobem Stoff, als sei er selbst ein Wanderer geworden. Die spöttische Geste fehlt. Stattdessen liegt eine stille Müdigkeit in seinem Blick. Eine Müdigkeit, die nicht aus Erschöpfung kommt, sondern aus dem Wissen um das, was war, und dem Zweifel, ob je etwas anders sein wird.

„Es gibt Dinge", beginnt er leise, „die sich dem Zugriff der Welt entziehen. Dinge, die man nicht zählen, nicht messen, nicht besitzen kann. Und doch... sind sie das Einzige, was bleibt, wenn alles andere vergeht." Er blickt ins Publikum. „Die Seele. Wir haben sie lange nicht mehr erwähnt, nicht wahr? Vielleicht, weil wir Angst haben. Denn wer sie nennt, muss sich auch selbst nennen."

Stille. Dann treten Schritte aus dem Off. Ein Mann erscheint – schlicht gekleidet, wettergegerbtes Gesicht, mit einer Haltung wie aus einer anderen Zeit. Kein Prophet, kein Erlöser, eher ein namenloser Begleiter der Welt. Ein Wanderer. Er schreitet langsam auf die Mitte der Bühne zu, wo der Conférencier ihm schweigend Platz macht.

„Du bist weit gegangen", sagt der Conférencier, beinahe zärtlich.

Der Wanderer nickt. „Nicht in Kilometern. Aber durch Dunkelheiten."

„Was hast du gefunden?"

Ein Lächeln, kaum sichtbar. „Mich selbst. Oder das, was von mir übrig war, als ich all das abstreifte, was man mir auferlegt hat. Die Erwartungen. Die Bilder. Die Sprache."

Der Conférencier setzt sich an einen kleinen Tisch, der plötzlich wie aus dem Boden gewachsen zu sein scheint – mit einer brennenden Kerze darauf. Es wirkt wie eine Szene in einer Hütte am Rande der Welt.

„Die Rückkehr der Seele", sagt er leise. „Was für ein großes Wort. Und doch... klingt es wie etwas Verlorenes."

„Nichts geht wirklich verloren", antwortet der Wanderer. „Aber vieles wird überdeckt. Mit Lärm, mit Ablenkung, mit der rastlosen Hast der Welt. Die Seele ist kein Schrei. Sie ist ein Flüstern. Wer sie hören will, muss still werden."

„Und wer kann das noch – still werden?" Der Conférencier stützt das Kinn auf die Hand. „Sie rennen, weil sie getrieben werden. Sie konsumieren, weil sie leer sind. Sie sprechen, weil sie die Stille nicht aushalten. Wie soll da noch eine Seele Raum finden?"

„Vielleicht nicht in der Stadt. Vielleicht nicht im Netzwerk der Beschleunigung. Aber es gibt Orte... und Menschen. Noch immer."

In diesem Moment verändert sich das Bühnenbild: Das Schwarz löst sich langsam auf, gibt eine Kulisse frei, die an eine uralte Landschaft erinnert. Ein Wald, ein kleiner See im Hintergrund, Nebelschwaden, die über das Wasser ziehen. Vogelrufe aus der Ferne, das Summen des Lebens. Ein Raum, der nicht erschaffen, sondern erinnert wird.

Aus dem Halbschatten tritt nun Simone Weil, zart und fast durchscheinend, wie aus einem anderen Aggregatzustand. Sie spricht nicht gleich, sondern legt erst ihre Hand auf einen Baumstamm am Bühnenrand, spürt die Rinde, die Zeit, die Geschichte darin.

„Die Seele", sagt sie dann, „lebt von der Berührung. Nicht nur von der körperlichen, sondern von der unsichtbaren – zwischen Mensch und Mensch, zwischen Mensch und Natur, zwischen dem Ich und dem, was größer ist als es selbst. Wir haben verlernt, berührt zu werden."

Der Conférencier blickt sie lange an. „Und doch sehen wir täglich Millionen von Menschen, die sich mit einem Klick berühren lassen wollen."

„Das ist keine Berührung", entgegnet sie. „Das ist Kontakt. Das ist Impuls. Das ist Reiz. Berührung aber – das ist Zuwendung, Gegenwärtigkeit, Auflösung der Trennung."

Stefan Zweig betritt nun die Bühne. Er trägt ein kleines, abgewetztes Buch in der Hand. „Ich habe oft gedacht, dass wir an einer kollektiven Seelenmüdigkeit leiden", sagt er ruhig. „Wir glauben nicht mehr an das Gute, nicht mehr an das Verbindende. Wir misstrauen allem – auch dem in uns selbst."

Der Wanderer wendet sich ihm zu. „Weil wir das Vertrauen durch Kontrolle ersetzt haben. Weil wir glauben, Sicherheit sei ein Produkt, das man erwerben kann. Aber wahres Vertrauen wächst im Unsicheren. Im Offenlassen. Im Lauschen."

„Das ist schwer auszuhalten", murmelt der Conférencier.

„Ja", sagt Simone Weil. „Aber genau dort beginnt die Seele wieder zu sprechen."

Zweig setzt sich neben sie. „Ich frage mich oft, ob wir überhaupt noch in der Lage sind, aus der Tiefe zu leben – oder ob wir nur noch Funktionen erfüllen, Rollen spielen, Erwartungen bedienen."

Der Wanderer antwortet nicht sofort. Dann sagt er: „Vielleicht müssen wir verlernen. Alles. Und neu hören. Neu sehen. Neu atmen."

Die Bühne ist nun ganz still. Der Wald scheint sich zu bewegen, als atme er mit den Figuren. Die Grenze zwischen Szene und Zuschauerraum verschwimmt. Der Conférencier erhebt sich und spricht ein letztes Mal:

„Was bleibt, wenn wir uns von allem trennen, was uns betäubt hat? Wenn wir dem Ursprung näher kommen, nicht im Rückschritt, sondern im Rückbesinnen? Vielleicht... bleibt dann das, was wir vergessen haben: dass wir nicht Maschine, nicht Rolle, nicht Leistung sind. Sondern Teil eines Ganzen, das sich nach uns sehnt, wie wir uns nach ihm."

Der Wanderer lächelt. „Die Rückkehr der Seele ist keine Flucht. Sie ist eine Heimkehr."

Langsam geht das Licht aus. Kein Applaus. Nur ein leises Rauschen, als käme es von weit her – wie Wind durch Bäume.

Dann Stille.

KAPITEL 13 - DIE LETZTE REVISION

Es war, als hätte sich die Zeit selbst aus dem Theater zurückgezogen. Keine Uhren tickten, keine Schatten bewegten sich mehr. Das Licht hatte sich verändert — weich war es geworden, beinahe silbrig, wie Mondlicht auf ruhigem Wasser. Eine Zwischenzeit hatte begonnen, ein Raum jenseits der linearen Bewegung. Alles hielt den Atem an. Der Vorhang stand offen, doch die Bühne war leer. Nur ein schwaches Flirren in der Luft deutete an, dass etwas im Begriff war, sich zu zeigen.

Dann trat der Conférencier hervor. Langsam, beinahe zögerlich. Er trug diesmal einen schlichten Umhang, keine übertriebene Pose. Das Gesicht war weniger spöttisch, die Gestik reduziert. Er war nicht mehr nur der Zeremonienmeister, nicht mehr nur Beobachter oder ironischer Kommentator. Er war der Hüter der Schwelle geworden. Zwischen Davor und Danach.

„Willkommen zu einem seltenen Moment", begann er leise. „Heute Abend… wagen wir den Blick zurück. Und voraus."

Er machte eine kleine Drehung, fast tänzerisch, und mit einem Mal verschob sich die Bühne. Die roten Samtvorhänge zogen sich nicht zu — sie verwandelten sich. Was vorher Bühnenhintergrund war, wurde Projektionsfläche. Eine flimmernde Vision entstand: Städte, aber grüner. Menschen, aber langsamer. Technik, aber schweigend im Hintergrund. Kein Utopia — aber ein Entwurf. Fragil. Möglich.

Ein großer runder Tisch erschien, wie aus den Schatten gegossen. Die alten Weggefährten versammelten sich erneut: Zweig, Jung, Thoreau, Sartre, Weil, Stirner, Orwell,

Huxley,Foucault, Proudhon – als hätten sie nie anderswo existiert als in diesem seltsamen Theater zwischen den Welten.

Zweig war es, der sich zuerst erhob. Er wirkte älter, aber nicht müde. Sein Blick war klar, sein Ton ruhig. „Ich habe lange von der Welt von gestern gesprochen. Von der Schönheit, die unterging, von der Kultur, die ertrank im Maschinenlärm der Geschichte. Aber vielleicht...", er hielt kurz inne, als müsste er sich selbst vergewissern, „...ist es an der Zeit, von einer Welt von morgen zu erzählen. Einer Welt, in der Kultur nicht Luxus ist, sondern Notwendigkeit."

Er sprach langsam, bedacht, fast als müsste er sich erst selbst an den Klang einer besseren Zukunft gewöhnen. „Ein Mensch, der seine Menschlichkeit nicht länger outsourct. Der nicht nur konsumiert, sondern wieder gestaltet. Kunst, Bildung, Nähe. Eine Rückkehr zur geistigen Substanz."

„Und was müsste geschehen, damit das eintritt?" warf Huxley ein, mit skeptischem Blick. Er hatte sich nie mit Visionen zufrieden gegeben, ohne ihre Mechanik zu prüfen. „Wenn ich eines gelernt habe, dann das: Systeme sterben selten an Einsicht. Sie zerfallen an Widersprüchen. Und ziehen oft viele mit in den Abgrund."

Foucault trat hinzu, das Licht spiegelte sich auf seiner Brille. „Vielleicht braucht es keine Revolution der Massen – sondern eine stille Subversion des Denkens. Eine Rehabilitierung der Achtsamkeit. Der Sprache. Der Intimität mit dem Leben."

„Und wer kontrolliert die Erzählung?" fragte Orwell. „Wer bestimmt, was als Wirklichkeit gilt? Solange die Macht über die Begriffe nicht gebrochen ist, bleibt jeder Entwurf gefährdet."

Sartre saß im Schatten, rauchte langsam. „Der Mensch ist zur Freiheit verurteilt – aber er flieht vor ihr. Vielleicht müssen wir ihn nicht befreien, sondern lehren, mit der Last der Wahl zu leben."

„Einverstanden", sagte Jung, der sich bislang im Hintergrund gehalten hatte. „Doch vergessen wir nicht: Die Zukunft beginnt immer im Einzelnen. In der Seele, die den Mut hat, sich aus der kollektiven Hypnose zu befreien. Wer seine Träume kennt, erkennt auch seine Verantwortung."

„Ach, Verantwortung", brummte Stirner. „Ein hübsches Wort. Aber ich frage euch: Wer ist verantwortlich für sich, wenn das Ich selbst zerfasert ist? Wenn die Identität zum Konstrukt geworden ist? Wir müssen dem Menschen sein Eigenstes zurückgeben – sonst bleibt jede Zukunft eine Illusion. Eine weitere Maske im Maskenball."

Thoreau, der in seiner typischen Haltung am Rande saß, die Hände über den Knien gefaltet, hob nun den Blick. Seine Stimme war sanft, aber klar. „Und doch gab es nie eine Macht, die stärker war als das Beispiel eines freien Geistes. Ihr sucht nach Umsturz – ich nach Einkehr. Vielleicht beginnt die große Revision nicht in Palästen, sondern in Hütten."

Ein Moment der Stille folgte. Die Gestalten blickten auf das, was sich auf der Leinwand nun zeigte: Ein Fluss von Bildern – keine spektakulären Umstürze, keine dramatischen Konflikte. Stattdessen: Menschen, die sich verweigerten, nicht mit Zorn, sondern mit Sanftmut. Lehrende, die wieder Fragen stellten. Alte, die mit Kindern in Gärten saßen. Hände, die nähten. Blicke, die verweilten. Keine Programmatik. Nur Leben.

Simone Weil trat leise vor, kaum hörbar. „Man kann das Leiden der Welt nicht auslöschen", sagte sie, „aber man kann es bezeugen. In Stille. In Zuwendung. In Klarheit. Vielleicht liegt in der radikalen Hinwendung zum Realen der Ausweg aus der Hybris."

Proudhon nickte langsam. „Wahrheit beginnt da, wo der Mensch aufhört, Eigentum zu denken. Vielleicht ist die neue Welt eine, in der Besitz nicht mehr das Maß ist, sondern Beziehung. Nicht Akkumulation, sondern Verbindung."

Der Conférencier trat zurück ins Licht. Diesmal sprach er ohne Pose, ohne Geste. Seine Stimme war nicht mehr ironisch, sondern schlicht.

„Was ihr gesehen habt, war kein Versprechen. Kein Plan. Nur eine Möglichkeit. Eine Linie im Sand. Wer darübergeht, geht anders weiter. Wer zurücktritt, bleibt im alten Spiel. Wir sind nicht hier, um zu urteilen. Nur um zu zeigen."

Er wandte sich dem Publikum zu – unsichtbar zwar, aber spürbar in diesem Zwischenraum. Wie ein Blick, der durch das vierte Mauerwerk hindurchging, direkt in das Innere der Betrachter.

„Was wäre, wenn...", sagte er, „was wäre, wenn ihr nicht länger nur Zuschauer wärt? Wenn ihr eure Rollen niederlegt? Wenn ihr nicht mehr wartet, bis euch jemand erlöst?"

Ein Flügelschlag hallte durch das Theater. Kein Vogel war zu sehen, doch ein Wind aus einer anderen Welt wehte durch den Raum. Leise, aber bestimmend. Die Gestalten auf der

Bühne schwiegen – nicht aus Ohnmacht, sondern aus Hoffnung.

Am Rand der Szene war es Stefan Zweig, der zuletzt noch einmal sprach. „Vielleicht ist der Mensch kein endgültiges Wesen. Vielleicht ist er ein Entwurf – der sich selbst erst noch erkennen muss. Und die Revision, von der wir sprechen, ist kein politisches Programm. Sie ist ein geistiger Neubeginn."

Der Conférencier schloss langsam die Augen. Im Hintergrund flammte ein letztes Bild auf: Ein leerer Tisch, ein offenes Buch, eine Kerze, die noch nicht ganz heruntergebrannt war.

Dann wurde es still.

Kein Applaus. Kein Abspann. Nur der leise Nachhall eines Gedankens, der die Zuschauer hinausbegleitete:

Was wäre, wenn…

KAPITEL 14 - DIE KRIEGSMÜHLE

Für einen Augenblick lag ein milder Abend über dem Theater. Auf der Leinwand hinter der Bühne spannte sich ein Himmel auf, von zartem Blau durchzogen, mit Streifen von Gold und Violett, als hätte jemand ein Bild aus besseren Zeiten gemalt. Die Gäste an den runden Tischen blieben still, als würde etwas in der Luft liegen, das sie noch nicht benennen konnten.

Dann: Ein Riss.

Mitten im Himmel – senkrecht, scharf, lautlos. Die Farben zuckten zurück, zerschnitten wie von einem Messer, das aus einer anderen Wirklichkeit kam. Der Boden vibrierte, kaum merklich zunächst, dann spürbarer. Die Gläser auf den Tischen klirrten leise. Ein tiefer Ton baute sich auf, dumpf und wachsend – wie das Vorbeben eines Abgrunds. Dann ein Pfeifen. Hoch, durchdringend. Es schnitt durch den Raum wie ein Schmerz, der nicht zu stoppen war.

Ein Zuschauer schrie auf, als wäre es seine Erinnerung, die da zum Leben erwachte.

Auf der Leinwand raste eine Bombe in Zeitlupe herab – mit einem Geräusch, das sich in die Knochen fraß. Pfeifend, fauchend, eine Spirale des Grauens. Kurz bevor sie einschlug, schien alles zu erstarren. Und dann – der Aufprall. Licht. Rauch. Zerreißendes Schwarz.

Aus dem Krater stiegen sie auf: Bertha von Suttner, Bertolt Brecht und Käthe Kollwitz.

Drei Gestalten inmitten der Asche. Ihre Gesichter trugen keine Masken. Kein Pathos, keine Pose – nur Ernst, Klarheit, Wunde.

Bertha ging voran. Ihre Haltung war aufrecht, fast reglos, aber ihre Augen brannten. Sie trug ein Kleid in dunklem Grau, schlicht, als hätte sie das aus einer anderen Epoche mitgebracht. Brecht trat neben sie, in seinem Mantel, die Zigarette locker zwischen den Fingern. Und hinter ihnen Käthe Kollwitz, schweigend, mit einer Staffelei unter dem Arm, als sei sie aus einem Atelier ins Inferno gestolpert.

Auf der Leinwand zuckten Bilder. Historisch. Gegenwärtig. Zeitlos. Marschierende Kolonnen, Panzerketten, Explosionen in Städten, weinende Kinder, Soldaten mit leeren Blicken. Und immer wieder: Geld. Aktentaschen, Konferenzen, Börsenkurse. Hände, die Verträge unterschreiben, als ginge es um Exportquoten und nicht um Tod.

Bertha sprach als Erste. Ihre Stimme war ruhig, aber scharf wie Glas:

„Krieg beginnt nicht mit Trommeln. Nicht mit Fahnen. Er beginnt in den Stuben der Entscheidungsträger. In den stillen Zimmern der Kalkulierenden. Er beginnt, wenn ein Menschenleben weniger zählt als eine Aktie."

Sie trat näher an die Rampe, fast bis zu den Gästen. Die Leinwand hinter ihr zeigte nun ein Waffenlager – Reihen von Gewehren, Drohnen, Raketen.

„Sie reden von Verteidigung. Von Notwendigkeit. Von Strategie. Aber in Wahrheit ist es ein Geschäft. Krieg ist eine Industrie. Eine Maschine, die nicht denkt, nicht zögert, nur frisst."

Käthe Kollwitz hatte sich an den Bühnenrand gesetzt. Mit dunkler Kohle begann sie, auf eine große Leinwand zu zeichnen. Keine Worte, kein Blick ins Publikum. Nur Linien – erst zart, dann drängender. Aus jedem Strich entstand etwas Verstörendes: ein Panzer, der über einen Kinderwagen rollte. Eine Frau, die ihr Kind an sich presst, während hinter ihr die Fabrik raucht.

Brecht sprach leise, fast beiläufig: „Wer die Wahrheit über den Krieg wissen will, muss dem Geld folgen. Nicht den Fahnen, nicht den Hymnen. Dem Geld."

Er sah sich um, als spräche er in eine Kamera, die noch nicht erfunden war.

„Es ist nicht der Hass der Völker, der Kriege entfacht. Es ist die Gier derer, die von jedem Schuss profitieren. Und solange das so ist, wird Frieden ein PR-Wort bleiben."

Bertha nickte.

„Ich habe sie gewarnt. 'Die Waffen nieder!', habe ich gesagt. Ein Ruf aus der Tiefe des Menschlichen. Und doch... es war, als hätte ich gegen Mauern gerufen, gebaut aus Zynismus, Macht und Selbsttäuschung."

Auf der Leinwand erschienen nun Bilder von Rüstungskonzernen, CEOs in Anzügen, Politiker auf Rüstungsmessen. Applaus. Lächeln. Verträge. Alles legal. Alles real.

Brecht zog an seiner Zigarette. „Sie nennen es Sicherheit. Ich nenne es Kalkül. Der Tod ist ein Geschäftspartner geworden. Und die, die ihn verkaufen, sitzen nicht in Uniformen. Sie tragen Krawatten."

Käthe Kollwitz stand auf, zeigte auf ihr Bild. Ein Junge mit verschmiertem Gesicht hält einen Ball, auf dem Weltkarte und Blut zu sehen sind. Hinter ihm: der Schatten eines Soldaten.

„Das hier," sagte sie, „ist mein Protest. Ich kann nicht schreien. Aber ich kann zeichnen. Und jedes Bild ist eine Klage."

Bertha trat zu ihr. „Und jedes Bild ist eine Hoffnung. Denn es bleibt."

Auf der Bühne veränderte sich das Licht. Rotes Flackern mischte sich mit fahlem Weiß. Es sah aus wie Alarm. Wie Dämmerung vor einem Sturm.

Brecht sah ins Publikum. „Wer heute noch glaubt, Kriege seien Schicksal – der hat nicht verstanden, dass sie gemacht werden. Kalkuliert. Initiiert. Verkauft."

Bertha: „Und wer glaubt, er sei zu klein, um etwas zu ändern – der unterschätzt seine Verantwortung."

Käthe legte einen letzten Strich. Dann wandte sie sich um.

„Wir sind nur drei. Drei Stimmen unter Milliarden. Aber vielleicht hört jemand zu."

Stille. Keine Musik. Kein Lichtwechsel. Nur das Schaben der Kohle auf Leinwand. Dann sprach Bertha erneut:

„Ich bin nicht naiv. Ich weiß, wie die Welt funktioniert. Aber ich weiß auch, dass sich etwas ändern kann. Wenn genug Menschen aufstehen. Wenn genug Menschen sagen: Nein. Nicht in meinem Namen."

Die Bilder auf der Leinwand wurden leiser. Nicht weniger brutal – aber fragmentierter. Als würde die Projektion langsam versagen, weil das Publikum zu genau hinsah.

Brecht trat einen Schritt zurück. „Wenn ihr schon zuschaut – dann schaut nicht weg."

Käthe: „Wenn ihr schon schweigt – dann denkt wenigstens."

Bertha: „Und wenn ihr schon denkt – dann handelt."

Ein letzter Lichtkegel erfasste die drei. Dann: Dunkelheit. Die Leinwand zersplitterte in sich selbst. Kein Knall. Kein Applaus. Nur drei Silhouetten, die zurück in den Krater traten, aus dem sie gekommen waren.

Langsam schloss sich der Spalt.

Was blieb, war eine Rußspur im Varieté der Zwischenwelt. Und auf der Bühne – das Bild von Kollwitz. Ein Kind, das die Welt trägt, blutend, aber lebendig.

Es war der Moment der Stille, in dem sich die Welt, so schien es, zurückzog, als wäre die Bühne der letzten Aufführung eine Art Katalysator für die Zeit selbst. Der Conférencier stand allein im Licht, ein verblasstes Leuchten umhüllte ihn, als ob der Tag, der alles gesehen hatte, sich in den letzten Schatten zurückzog. Der Vorhang war gefallen, und dennoch blieb die Welt, die er in seinen Händen getragen hatte, in einem unsichtbaren Raum zwischen dem Gesagten und dem Ungesagten.

„Ich danke euch", begann der Conférencier, seine Stimme kaum mehr als ein Flüstern, das sich sanft in den Raum ausbreitete. Der Klang seiner Worte war kein Ausruf, sondern ein leiser Nachhall, der den Raum füllte und doch nichts von sich forderte. Es war der Klang eines Abschieds, der gleichzeitig der Beginn von etwas Unausgesprochenem war.

Er schaute nach rechts, dann nach links. Die Plätze, die von den Geistern der vergangenen Dialoge eingenommen waren, waren jetzt leer – doch der Conférencier wusste, dass sie alle noch da waren. Die Erinnerung an ihre Stimmen, an das Ringen um Wahrheit und Gerechtigkeit, an das Suchen nach dem Sinn im Dunkel der Welt, war in der Luft zu spüren. Die Zeit, die in den Zwischenräumen der Worte lebte, war nicht entweichen, sie hatte sich nur zurückgezogen.

„Ich danke euch, die ihr euch nicht einfach der Strömung hingegeben habt", fuhr er fort. „Die ihr euch dem Wahn des Konsumismus, der Entfremdung, der Entwertung des Menschen nicht fügt. Ihr, die ihr dem Rufen nach Wahrheit, nach

Menschlichkeit gefolgt seid, auch wenn es euch den Ruf der Welt eingebracht hat. Ihr, die ihr in einer Welt, die sich von ihren eigenen Idealen entfernt hat, ein Stück authentisches Leben bewahrt habt."

Eine kurze Pause folgte, in der der Conférencier tief einatmete, als wolle er die Last der Worte in sich aufnehmen. Es war kein Moment der Dramatik, sondern ein Moment der Erkenntnis, der wie das Warten auf einen Sturm in der Ferne war.

„Doch wenn ich in die Gegenwart schaue, muss ich sagen: Es hat sich wenig verändert." Die Worte des Conférenciers waren weder vorwurfsvoll noch entmutigend, sie waren nüchtern und beobachtend, wie ein Zeuge, der aus der Distanz den Lauf der Dinge betrachtet. „Diejenigen, die sich erheben, die den Finger in die Wunden legen, werden noch immer verspottet. Die Wahrheit, die einst ein Funken des Widerstands war, ist jetzt nur noch eine Stimme unter vielen – übertönt, verzerrt, entwertet von denen, die sich nicht ändern wollen."

Er trat einen Schritt vor, als wolle er den Raum selbst durchdringen. Seine Worte wurden klarer, fester. „Es mag scheinen, als seien wir am Ende eines Weges angekommen, als sei das Streben nach Wahrheit eine Anklage, die nie gehört wird. Doch was wir hinterlassen haben, lässt sich nicht auslöschen. Die Risse in der Realität sind tief. Und in diesen Rissen lebt die Wahrheit weiter."

Der Conférencier wandte sich zur Bühnenkante, die er kaum mehr als eine Bühne betrachtete, sondern als ein Symbol für das Leben selbst. „Ihr, die ihr vor mir steht, habt mehr gesehen, als die meisten in ihrem Leben zu sehen bereit sind.

Was euch widerfuhr – der Spott, die Verfolgung, der Versuch, eure Worte zum Schweigen zu bringen – das passiert weiterhin. In digitalen Foren, auf den Straßen der Städte, in den Flimmern der Medien. Doch es gibt eine Wahrheit, die sich nicht in diesen Illusionen verliert."

Er hob die Hand und ließ sie langsam sinken, als wollte er einen unsichtbaren Schleier beiseite schieben. „Die Wahrheit ist ein Fluss, der sich nicht stoppen lässt. Sie spricht in den Rissen der Gesellschaft, sie kommt durch das, was unterdrückt wird. Und sie findet immer einen Weg, um durchzubrechen. Nicht durch Gewalt. Nicht durch Zwang. Sondern durch Geduld."

Die Worte des Conférenciers nahmen an Tiefe zu, als er die Bühne fast mit einem Blick durchdrang, der die Zeit selbst zu dehnen schien. „Was ist also das Ziel? Was bleibt am Ende eines solchen Streites?" fragte er leise, fast zu sich selbst.

„Es ist der kleine Funke der Erinnerung.Die Erinnerung daran, dass der Mensch mehr ist als seine Umstände, dass er mehr ist als das, was ihm gesagt wird. Die Erinnerung daran, dass jeder Moment der Wahrheit ein Akt der Freiheit ist."

Er schloss die Augen für einen Moment. „Und was bleibt mir, wenn der Vorhang fällt?" fragte er sich, als wäre die Antwort nicht in den Worten zu finden. „Vielleicht ist es genau das – dass jeder von uns selbst der letzte Akt ist. Dass wir nicht nur Zuschauer sind, sondern selbst Akteure im großen Spiel des Lebens. Der letzte Akt ist nicht der, der uns von anderen auferlegt wird, sondern der, den wir selbst wählen, während wir die Zeit nutzen, die uns bleibt."

Er öffnete die Augen, und sein Blick fiel auf den leeren Raum, den er nicht mehr als Bühne, sondern als die Welt sah. „Was ist der letzte Akt, der uns bevorsteht?" fragte er, als wolle er die Zuschauer direkt ansprechen, obwohl er wusste, dass keiner da war. „Vielleicht liegt er in jedem von uns – in der Entscheidung, mehr zu tun, als nur zu sehen, was geschieht. In der Entscheidung, selbst zu handeln, zu denken, zu fühlen."

Der Conférencier senkte den Kopf, als wolle er dem Moment selbst Respekt zollen. „Die Wahrheit ist nie das Ende. Sie ist der Anfang. Der Anfang von etwas, das uns übersteigt, das uns in Bewegung setzt. Vielleicht ist es das, was wir am Ende von allem wirklich sehen: Der Beginn einer wahren Freiheit – nicht als große Revolution, sondern als eine stille, stetige Entscheidung, anders zu leben."

Er verneigte sich leicht, nicht in einer Geste des Abschieds, sondern als eine stille Würdigung des Menschseins. Kein Applaus folgte. Kein Raunen. Nur die Stille. Der Conférencier neigte sich noch einmal leicht, als wolle er sich verabschieden. Doch kein Applaus erhob sich. Kein Schlussakkord erklang. Nur der leise Nachhall seiner Worte, der sich in den Raum legte, als ein zartes Versprechen an die, die noch zu hören vermochten.

„Der Funke", flüsterte er, „der immer wieder weitergetragen wird…"

Und dann: Nichts. Nur der flimmernde Glanz der Bilder und die Stille, die zurückblieb.Und dann, ein letztes Mal, der Vorhang, der sich langsam schloss, als der Conférencier in den Hintergrund trat und der Raum in Dunkelheit hüllte.

Und so endete die Reise. Doch die Erinnerung an das, was gesagt wurde, blieb.

Ein letzter Akt, der niemals wirklich enden würde.

NACHWORT

Dieses Buch ist kein Manifest. Kein Urteil, keine Wahrheit im Absoluten. Es ist ein Versuch – ein tastender, suchender, manchmal zorniger, oft trauriger, immer aber hoffender Versuch, das Unsagbare greifbar zu machen. In einer Zeit, in der das Menschsein zur Ware, das Denken zur Gefahr und das Fühlen zur Schwäche geworden ist, braucht es nicht noch mehr Parolen. Es braucht Räume.

Räume für das Ungesagte, für den Zweifel, für den Widerspruch. Räume, in denen nicht sofort geschrien, bewertet, gelöscht wird – sondern zugehört. Räume, in denen Worte atmen dürfen, auch wenn sie unbequem sind. In denen Erinnerung mehr ist als Historie, sondern ein Akt der Gegenwart.

Dieses Buch ist ein solcher Raum. Geboren aus Verlust und Exil, aus der Erfahrung, wie leicht Heimat, Sicherheit, Sinn zerbrechen können, wenn Macht über Menschlichkeit triumphiert. Doch auch geboren aus dem Wissen, dass in den dunkelsten Stunden die hellsten Funken sichtbar werden. Dass aus Rissen Licht dringt. Und dass, wer auch nur einen anderen Menschen zum Nachdenken bringt, bereits etwas verändert hat.

Es war kein leichtes Schreiben. Zu viel Schmerz, zu viele Namen, die fehlen. Zu viele Sätze, die im Hals stecken blieben. Und doch war es notwendig – weil Schweigen keine Option ist. Nicht mehr.

Die Stimmen, die hier zu Wort kamen, leben nicht mehr unter uns, aber sie sprechen weiter. Weil sie nicht als Helden inszeniert wurden, sondern als Menschen, die strauchelten, zweifelten, kämpften – gegen sich selbst, gegen Systeme, gegen die Gleichgültigkeit. Sie alle rufen nicht zu Ideologien auf, sondern zur Verantwortung. Und zur Erinnerung an das, was Menschsein heißen kann.

Wenn dieses Buch etwas erreichen soll, dann dies: Dass irgendwo, irgendwer, vielleicht nachts, in Stille oder Verzweiflung, innehält – und sich erinnert. Dass etwas in Bewegung gerät, das sich dem Strom entzieht. Nicht laut. Aber echt.

Denn am Ende bleibt nur das: die Entscheidung, ob wir Zuschauer bleiben – oder Mensch werden. Immer wieder neu. Immer wieder trotz allem.

In diesem Sinn: Danke, dass Sie diesen Weg mitgegangen sind.

Mara von Eichen

ÜBER DIE AUTORIN

Mara von Eichen wurde in Ostberlin geboren – in einem Land, das heute nicht mehr existiert, und in einer Stadt, die ihr Gesicht gewandelt hat. Aufgewachsen in einer Welt, die heute kaum noch wiederzuerkennen ist – in einer Zeit, als Frauen in Kabul noch Röcke trugen und ausgingen, als die UdSSR noch Bestand hatte, das Essen noch nicht vergiftet war und der Himmel noch ohne Streifen erstrahlte.

Eine Zeit, die geprägt war von klaren politischen Fronten und einem stetigen Ringen um Wahrheit und Freiheit.

Schon in ihrer Jugend, geprägt von den Eindrücken dieser zerrissenen Welt, entwickelte sie sich zu einem Menschen mit feinem Ohr für das Ungesagte, das Verstellte, das Verlorene. Sie blieb unbeirrbar in ihrem Streben nach Wahrheit und Unabhängigkeit und erkannte früh die Mechanismen der Macht, der Indoktrination und Manipulation.

Heute lebt sie in der Natur Südungarns, fern des Lärms der Welt. Mit klarem Blick und empfindsamer Seele beobachtet sie das Zeitgeschehen und schreibt aus einem tiefen Bedürfnis heraus – zu erinnern, zu mahnen und Räume für Wahrheit zu schaffen, jenseits von Ideologie und Lärm.

„Das Theater zwischen den Welten" ist ihre literarische Antwort auf das Schweigen der Gegenwart – ein Ruf an alle, die noch fühlen.